하루하루
**가성비
수납정리**

@languagebooks_official

blog.naver.com/languagebook

하루하루 가성비 수납정리

초판 1쇄 발행　2023년 2월 20일
초판 1쇄 인쇄　2023년 2월 10일

지은이	장이숙
기획	김은경
편집	이지영 · Jellyfish

발행인	조경아
총괄	강신갑
발행처	랭귀지북스
주소	서울시 마포구 포은로2나길 31 벨라비스타 208호
전화	02.406.0047　**팩스**　02.406.0042
이메일	languagebooks@hanmail.net
등록번호	101-90-85278　**등록일자**　2008년 7월 10일

ISBN　979-11-5635-195-5 (13590)
값　18,000원
ⓒ장이숙, 2023

이 책은 저작권법에 따라 보호받는 저작물이므로 무단 전재와 무단 복제를 금지하며,
이 책 내용의 전부 또는 일부를 이용하려면 반드시 저작권자와 **랭귀지북**스의 서면 동의를 받아야 합니다.
잘못된 책은 구입처에서 바꿔 드립니다.

하루하루
가성비
수납정리

Prologue

공간에 즐거움을 더하다

알뜰한 살림을 꾸려가는 사람일수록 가정경제를 위해 가성비를 따지는 것은 기본 중의 기본입니다. 집 안 정리정돈을 하는 데도 가성비를 생각하는 것이 예외일 수 없습니다.
맞벌이로 바빠 살림할 시간도 부족하고 방법도 잘 몰라서 가사 도우미의 손을 빌려 가사를 해결하던 사례자의 이야기입니다.

퇴근 후 돌아와 보면 가사 도우미가 청소를 했는데도 불구하고 주로 쓸고 닦는 청소 위주의 집안일만 해 주다 보니 그렇게 깔끔하다는 것을 느끼지 못했다고 합니다. 우연한 기회에 필자의 강의를 들었고, 이를 통해 가구 재배치와 수납의 기본 원칙을 배우게 되었습니다. 그 후 필자와 같이 집 안을 반나절 정도 정리정돈한 뒤로 가족들에게 큰 호응을 얻게 되었습니다.

사례자는 정리정돈이 되지 않은 상태에서는 아무리 열심히 쓸고 닦고 청소해도 살림한 티를 낼 수 없다는 것을 새삼 느꼈다고 합니다. 정리를 통해 한눈에 재고 파악이 되어 물건의 중복구매도 줄어들고, 구입한 물건을 제때 사용하여 낭비를 줄일 수 있는 부수적인 효과도 따라오게 되었다고 합니다. 사례처럼 정리정돈하는 방법을 몸소 익히고 습관화된다면 점점 소비 패턴이 개선되어 가계비를 줄일 수 있습니다. 이것이야말로 최고의 가성비 살림법이 아닐까요?

주부에게 집은 직장이 되기도 하고 살림 놀이터가 되기도 합니다. 살림에 재미를 느낀다면 놀이터가 될 수 있지만 반대로 힘든 가사노동이 될 수도 있다는 의미입니다. 처음에는 살림이 서툴더라도 용기를 내어 꾸준히 하다 보면 실수를 개선하며 얻는 성취감으로 살림의 재미는 점점 커지게 될 것입니다.

살림에 있어서 정리정돈은 매우 중요합니다. '정리정돈'은 물건을 넣고 꺼내는 수고를 덜고, 동선을 간편하게 하여 요리, 청소, 빨래와 같은 집안일을 짧은 시간에 할 수 있게 합니다. 몇 번 실패했다고 '정리정돈은 너무 어려워…'라며 미리 포기하면 변화의 결과는 얻을 수 없습니다. 나와 가족의 삶이 달라질 수 있는 정리정돈이 몸에 배도록 반복을 통해 실력으로 다져가는 것이 중요합니다. 필자도 처음부터 정리정돈을 잘했던 것은 아닙니다. 이 집 저 집 다니며 다양하게 쌓은 경험을 통해 지금처럼 정리정돈을 잘하게 되었습니다.

일등과 꼴찌의 차이는 생각을 행동으로 옮기느냐 옮기지 않느냐입니다. 생각이나 눈으로 하는 정리정돈은 누구든 할 수 있지만, 실천에 옮기는 사람만이 정리정돈을 성공적으로 이루어내기 때문입니다. 수많은 알짜 정보를 알기만 하고 행동은 하지 않는 사람과 직접 실천하면서 변화를 원하는 사람은 큰 차이가 있습니다. '하고자 하는 사람에게는 방법이 보이고 의욕이 없는 사람에게는 핑계만 보인다.'라는 말처럼 포기하지 않고 꾸준히 도전하다 보면 어느 순간 살림과 정리정돈 전문가로 거듭나게 될 것입니다.

정리정돈,
이 3가지만 꼭 기억하자

- **물건 줄이기**
  수납공간에 정리정돈을 유지할 수 있는 능력만큼 물건만 남겨야 한다.
- **지정석 정하기**
  기억하기 좋도록 적재적소에 지정된 자리가 정해져 있어야 편리하다.
- **유지하기**
  정리정돈은 습관이다. 습관이 무너지면 아무 소용없다.

Contents

CHAPTER 1
정리정돈과 수납의 기본 원리

1. 정리정돈의 필요성과 중요성 … 12
2. 정리가 어렵거나 안되는 이유 … 15
3. 정리정돈의 기본은 '물건 버리기' … 18
4. 버리기를 통한 마음의 정리 … 21
5. 공간 비우는 지혜 10가지 … 24
6. 버리기 쉬운 물건 10가지 … 26
7. 정리정돈의 기본 원리 … 28
8. 수납의 기본 원칙 6가지 … 30
9. 효율적인 수납 방법 … 34
10. 동선과 공간 활용의 극대화 … 36

Special page 수납 도구, 어떻게 구입해야 할까? … 38

CHAPTER 2
옷장 수납정리하기

미리 살펴보는 **옷장** 정리 노하우 … 44
수납의 기본 원칙으로 **옷장** 정리하기 … 52
두 배로 넓게 쓰는 **옷장** 수납공간 활용 노하우 … 55
재활용품 아이디어와 가성비 살림 노하우 … **옷장** … 64

재활용품 아이디어
① 종이상자로 화장품 수납 칸막이 만들기 … 64
② 세탁소 옷걸이로 가방걸이 만들기 … 65
③ 세탁소 옷걸이와 달력 졸대로 수납용 옷걸이 만들기 … 66
④ 쇼핑백으로 옷 보관 상자 만들기 … 67

가성비 살림 노하우
① 슈트케이스로 겨울 패딩 보관하기 … 68
② 방충, 방습으로 옷 수명 늘리기 … 68
③ 세탁소 비닐 벗겨서 보관하기 … 69
④ 모피, 무스탕, 가죽 옷 보관하기 … 69
⑤ 음식 냄새 나는 옷 탈취 방법 … 70
⑥ 모자의 찌든 때 빼는 방법 … 71
⑦ 누렇게 변색된 옷 하얗게 되돌리기 … 71

Contents

CHAPTER 3
부엌과 냉장고 수납정리하기

미리 살펴보는 **부엌** 정리 노하우	74
수납의 기본 원칙으로 **부엌** 정리하기	80
두 배로 넓게 쓰는 **부엌** 수납공간 활용 노하우	83
재활용품 아이디어와 가성비 살림 노하우 … **부엌**	89

재활용품 아이디어
1. 튼튼한 종이상자로 수납 가방 만들기 — 89
2. 종이심으로 칼집 만들기 — 90
3. 서랍장용 수납 칸막이 만들기 — 90
4. 페트병으로 수납 도구 만들기 — 91

가성비 살림 노하우
1. 서류꽂이 2개로 긴 바구니 만들기 — 92
2. 과일 포장 완충재를 활용하여 그릇 정리하기 — 93
3. 슬라이딩장 변경하여 조리도구 수납하기 — 93
4. 서류꽂이로 프라이팬 정리대 만들기 — 94
5. 포개진 그릇 쉽게 분리하는 방법 — 94
6. 열리지 않는 병뚜껑 쉽게 여는 방법 — 94
7. 상추로 김치통 냄새 제거하기 — 95
8. 무뎌진 칼과 가윗날 가는 방법 — 95

미리 살펴보는 **냉장고** 정리 노하우	96
수납의 기본 원칙으로 **냉장고** 정리하기	106
두 배로 넓게 쓰는 **냉장고** 수납공간 활용 노하우	108
재활용품 아이디어와 가성비 살림 노하우 … **냉장고**	116

재활용품 아이디어
1. 쇼핑백으로 냉장고 수납 칸막이 만들기 — 116
2. 소스 보관용 흡착 바구니 만들기 — 117
3. 떠먹는 요구르트 수납 용기 만들기 — 118
4. 우유통으로 가루 식품 수납함 만들기 — 118
5. 페트병 뚜껑으로 밀봉 도구 만들기 — 119
6. 페트병 뚜껑으로 국수 계량기 만들기 — 119

가성비 살림 노하우
1. 식재료 수분 유지와 공기 차단하기 — 120
2. 달걀 보관하기 — 122
3. 들기름 보관하기 — 122
4. 고춧가루 보관하기 — 122
5. 남은 통조림 식품 보관하기 — 123
6. 통마늘 1년 보관하기 — 123
7. 다진 식재료 보관하기 — 123
8. 해산물 보관하기 — 124
9. 새우젓 보관하기 — 124
10. 즉석밥 대신 냉동밥으로 보관하기 — 125
11. 바나나 보관하기 — 125
12. 음식물쓰레기 부피와 무게 줄이기 — 125

Contents

CHAPTER 4
거실과 현관, 아이방 수납정리하기

미리 살펴보는 **거실** 정리 노하우   128
수납의 기본 원칙으로 **거실** 정리하기   134
두 배로 넓게 쓰는 **거실** 수납공간 활용 노하우   136
재활용품 아이디어와 가성비 살림 노하우 … **거실**   140

재활용품 아이디어
① 링과 리본 테이프로 각 티슈 수납하기   140
② 컴퓨터 전선 수납 상자 만들기   141
③ 탁상용 달력을 사용하여 소파 주변 물건 수납하기   141
④ 우유팩으로 리모컨 수납함 만들기   142
⑤ 조미김 포장 용기로 수납 칸막이 만들기   142

가성비 살림 노하우
① 요가 매트 수납하기   143
② 실내 미세먼지 없애는 청소법   143
③ 초간단 가습기 만들기   144
④ 건전지 잔량 확인하기   145
⑤ 건전지 오래 쓰는 보관법   145
⑥ 전기요금 절약하는 방법   146
⑦ 전기요금 폭탄을 피하는 에어컨 사용법   146
⑧ 겨울철 난방비 절감하는 생활 습관   147
⑨ 약 보관하는 방법   147

미리 살펴보는 **현관** 정리 노하우   148
수납의 기본 원칙으로 **현관** 정리하기   154
두 배로 넓게 쓰는 **현관** 수납공간 활용 노하우   156
재활용품 아이디어와 가성비 살림 노하우 … **현관**   159

재활용품 아이디어
① 신발 상자로 슈즈렉 만들기   159
② 컵라면 상자로 슈즈렉 만들기   160
③ 쇼핑백으로 부츠 보관함 만들기   161
④ 자잘한 나사못 수납하기   162
⑤ 달력으로 차단기 가리기   162
⑥ 납작 상자로 우산 수납 도구 만들기   162

가성비 살림 노하우
① 신문지로 신발장 관리하기   163
② 신문지로 신발 관리하기   163
③ 가죽제품의 수명을 늘려 주는 핸드크림   164
④ 장마철 우산 관리법   164
⑤ 자투리 공간 200% 활용법   164
⑥ 손쉬우면서 효과 만점인 운동화 세탁법   165

미리 살펴보는 **아이방** 정리 노하우   166
수납의 기본 원칙으로 **아이방** 정리하기   172
두 배로 넓게 쓰는 **아이방** 수납공간 활용 노하우   174
재활용품 아이디어와 가성비 살림 노하우 … **아이방**   182

재활용품 아이디어
① 우유팩으로 길이가 조정되는 수납 칸막이 만들기   182
② 우유팩으로 클레이 재료 수납 도구 만들기   183
③ 핸드폰 충전 거치대 만들기   183
④ 책장 선반 아래 공간, 납작한 상자로 서랍식 수납하기   184
⑤ 책장 옆면에 머리띠 수납하기   185

가성비 살림 노하우
① 압축봉으로 큰 학습자료 보관하기   186
② 종이판 퍼즐 정리하기   186
③ 스티커 자국 쉽게 없애기   187
④ 레고 블록 정리정돈하기   187
⑤ 책장으로 스탠드형 옷걸이 만들기   188
⑥ 머리방울, 머리띠 정돈하기   188
⑦ 뚜껑이 쉽게 열리는 장난감 상자 해결하기   189
⑧ 종이로 긴 원통 과자 쉽게 꺼내 먹기   190
⑨ 피자 삼각대를 스마트폰 거치대로 활용하기   190
⑩ 책 사이에 낀 먼지 청소하기   191

Contents

CHAPTER 5
욕실과 다용도실 수납정리하기

미리 살펴보는 **욕실** 정리 노하우	194
수납의 기본 원칙으로 **욕실** 정리하기	198
두 배로 넓게 쓰는 **욕실** 수납공간 활용 노하우	200
재활용품 아이디어와 가성비 살림 노하우 ··· **욕실**	203

재활용품 아이디어
1. 우유팩으로 욕실 다용도 꽂이 만들기 — 203
2. 압축봉으로 수건 수납 방지턱 만들기 — 204

가성비 살림 노하우
1. 튜브형 화장품 끝까지 쓰기 — 205
2. 쓰다 남은 선크림으로 샤워기 녹 제거하기 — 205
3. 세면대 배관 막힘 청소법 — 206
4. 쉽게 물러지는 비누 해결법 — 206
5. 칫솔 관리 잘하는 방법 — 207

미리 살펴보는 **다용도실** 정리 노하우	208
수납의 기본 원칙으로 **다용도실** 정리하기	214
두 배로 넓게 쓰는 **다용도실** 수납공간 활용 노하우	215
재활용품 아이디어와 가성비 살림 노하우 ··· **다용도실**	219

재활용품 아이디어
1. 바나나 상자 재활용하는 방법 — 219
2. 재활용 종이상자 깔끔하게 탈바꿈시키기 — 220
3. 종량제 봉투 수납 상자 만들기 — 221
4. 슈트케이스로 선풍기 커버 만들기 — 222
5. 고정할 수 있는 깔때기 만들기 — 223

가성비 살림 노하우
1. 사용하지 않는 가스레인지 덮개 만들기 — 224
2. 더스트백으로 가전제품 덮개 만들기 — 225
3. 베란다 창고에 축구공 보관하기 — 225
4. 가전제품 전선 깔끔하게 보관하기 — 226
5. 창문 틈 칼바람을 막아 겨울 난방비 줄이기 — 226
6. 무거운 물건 쉽게 이동하기 — 227
7. 세탁소 옷걸이로 ㄹ자 모양 행거 만들기 — 227

정리정돈이 안되고 물건이 제자리에 없으면, 그로 인해 생기는 스트레스가
상당하다. 물건이 다양하고 많아진 요즘 정리정돈의 중요성이 부각되고 있다.
'정리정돈'이란 물건을 사용하기 편리하도록 효율적인 체계를 잡아 주는 것으로,
삶의 방식을 보다 원활하고 가치 있게 만드는 데 의미가 있다.
이번 장에서는 정리정돈의 필요성과 노하우, 원리 등을 알아보자.

CHAPTER 1
정리정돈과 수납의 기본 원리

정리정돈의
필요성과 중요성

》 정리정돈은 왜 중요한가?

- 내일 제출할 중요한 문서가 담긴 USB를 어디에 두었는지 전혀 기억나지 않는다.
- 출근을 하려는데 자동차 열쇠를 어디에 두었는지 기억나지 않는다.
- 약속 시간이 임박했는데 입으려고 생각했던 옷을 아무리 뒤져도 찾을 수가 없다.
- 마트에서 산 물건을 냉장고에 넣으려 문을 열었는데 같은 물건이 또 있다.
- 잊고 있었던 물건이 서랍 안쪽에서 발견되었다.

당장 급하게 쓸 물건이 어디에 있는지 기억나지 않아 당황한 적이 있을 것이다. 이는 물건의 위치를 기억 못하는 머리의 문제가 아니라 정리정돈의 문제다. '머리가 좋아지는 정리정돈'이라는 말도 있지 않은가? 또 정리정돈의 중요성에 대해 '같은 물건이라도 정리정돈을 어떻게 했는가에 따라 생활이 바뀌고, 인생도 바뀐다.'라고 하는 사람도 있다. 과연 정말일까? 풍수지리에서는 물건마다 기운이 있는데 정리되지 않거나 아무렇게나 내버려 둔 물건에서는 나쁜 기운이 나온다고 한다. 정말 그런지는 모르겠지만 물건이 정리되어 있지 않으면 물건을 찾는 데 들어가는 시간적인 손해와 스트레스가 발생한다.

기술의 발전과 윤택한 생활 덕에 우리는 넘쳐나는 물건들 속에서 살고 있다. 물론 이런 물건들이 생활을 더욱더 편리하게 해 주지만, 정리가 안 되면 오히려 더 불편하다. 정리정돈을 한다는 것은 물건을 효율적으로 사용하기에 편리하도록 체계를 잡아주는 것이고, 그 체계 안에서 물건을 잘 다루는 것을 말한다.

일상생활에서 정리정돈이 잘되어 있다는 것은 삶을 보다 원활하고 효율적으로 만드는 것이다. 예를 들어, 냉장고에서 원하는 식재료를 찾느라 뒤적거리거나 부엌에서 조리도구를 찾지 못해서 식사 준비에 들이는 시간과 노력이 많아진다면 이것이 바로 시간과 에너지 낭비이다. 아침 등교 시간에 준비물을 찾느라고 허둥지둥하다가 결국 학교 앞 문구점에서 같은 물건을 구매했다면 경제적인 손실을 초래한 것이다. 이런 상황이 반복되면 분명 엄마는 자녀에게 짜증을 낼 것이고, 그로 인해 자녀와의 관계가 점점 안 좋아질 것이다. 서로 듣기 싫은 말이 오고 가다가 결국 가족과 불화가 생긴다. 단순히 정리정돈이 되지 않은 것뿐인데 시간과 에너지 손실, 경제적 낭비, 가족과의 불화로 발전될 수 있음을 생각해 본다면, 생활을 안정적이고 평화롭게 만드는 데 정리정돈이 중요하다는 것을 알 수 있을 것이다.

정리정돈의 필요성
- 시간과 에너지 낭비를 줄일 수 있다.
- 경제적 손실을 줄일 수 있다.
- 가족과의 관계가 좋아질 수 있다.

》 정리정돈에 대한 오해와 편견

대부분 정리정돈에 대해 잘못된 생각을 갖고 있는데, 바로 '정리는 아무나 할 수 있는 가사노동의 하나'라고 생각하는 것이다. 정리정돈이 필요한 곳이 대부분의 생활이 이루어지는 가정이라는 것은 부인할 수 없다. 그런데 정리정돈이 단순히 가사에만 국한된다고는 볼 수 없다. 정리정돈은 가정에서 주부만 하는 것이 아니라 우리가 생활하는 모든 장소나 상황에서 꼭 필요한 중요한 습관 중 하나다. 전업주부라면 집이 대부분 시간을 보내는 곳이지만 직장을 다닌다면 집보다는 회사가 대부분 시간을 보내는 곳이 될 것이다. 집과 마찬가지로 회사에서도 정리정돈이 중요하다. 책상 앞의 작은 공간이어도 정리정돈 상태에 따라 업무 능력이 달라진다면 정리정돈은 반드시 익혀야 할 공부이며 습관이다. 요즘 많은 기업이 효율적인 업무환경을 만들기 위해 정리정돈 전문가를 초청하여 정리정돈 강의나 정리 프로그램 등을 진행하고 있다.

온라인 서점에서 검색 키워드를 '정리'라고 입력하면 정리에 관련된 수많은 도서가 검색된다. 이런 도서들은 당연하게도 대부분 자기 계발서이다. 정리정돈이 가져다주는 장점을 일깨워 주고 생각 정리, 환경 정리, 메모 정리, 업무와 일상 정리 등 세부적인 내용을 담고 있다. 이것만 봐도 정리정돈은 '누구나 할 수 있는 단순한 가사 노동'이 아닌 '인생에 큰 영향을 끼치는 행위'라는 것을 알 수 있다.

가끔 TV에서 위대한 예술가나 문학가, 성공한 사업가, 기업인을 소개할 때 책과 관련 자료가 무질서하게 쌓여 있는 서재를 보여 주기도 한다. 정리를 싫어하는 사람들은 '맞아! 나도 저 사람처럼 나만의 정리 방법이 있어!'라며 변명 아닌 변명을 한다. 그런데 알고 있는가? 성공한 사람들 대부분이 '정리광'이었다는 것을. 정리는 정돈된 상태를 통해 무엇을 어떻게 활용할 것인지 결정하는 토대를 만들어 주고, 물건이 자기 역할을 할 수 있도록 도와주는 바탕을 마련해 준다. 사람들은 정리정돈된 환경을 통해 더욱 풍요로운 삶을 맛볼 수 있게 되는 것이다.

정리정돈의 장점

- **쉽고 빠른 청소** : 정리정돈이 잘되어 있을수록 청소가 간편하고 수월해지는 것은 물론 시간도 단축된다.
- **여유와 에너지** : 필요한 물건을 쉽게 찾을 수 있고 청소 시간을 단축할 수 있다. 그만큼 자신에게 돌아오는 시간적 여유와 에너지로 풍요로운 삶을 즐길 수 있다.
- **공간 확보** : 불필요한 물건을 줄임으로써 공간을 효율적으로 활용하게 되고 같은 공간을 더 넓게 사용할 수 있다.
- **경제적인 효과** : 물건을 찾지 못해 생기는 중복구매를 방지한다. 또 재고 파악을 통한 소비 절약으로 경제적인 효과가 있다.
- **인테리어 효과** : 최고의 인테리어에 필요한 것은 고급 자재가 아니다. 안정된 공간에서 편안한 마음으로 휴식을 취할 수 있는 깔끔한 정리정돈이다.

정리가 어렵거나 안되는 이유

》 버리지 못하고 쌓아 두기만 한다

물건을 버려야 정리가 된다는 것은 다들 알고 있다. 그런데 여러 이유로 쉽게 버리지 못한다. 전문가들은 이것을 심리적인 문제에서 벗어나기 위한 변명일 뿐이라고 한다. 도대체 어떤 심리적인 문제 때문에 버리지 못하는 걸까?

- '혹시라도 나중에 필요한 일이 생기면 어떡하지?', '언젠가는 쓰일 거야.', '만약에 버렸는데 필요하면?'과 같은 염려증 때문에 버리지 못한다.
- '내가 이 물건을 얼마를 주고 샀는데 이걸 버려?'라고 생각하는 물건의 구입 비용, 즉 본전에 대한 생각에 아까워 버리지 못한다.
- 추억이 깃든 물건을 버리면 추억까지 사라지는 것 같은 상실감과 선물해 준 사람에 대한 죄책감 때문에 버리지 못한다.
- '나는 이 정도는 하고 사는 사람이야.'라며 체면을 세우기 위해 굳이 없어도 되는 물건을 버리지 못한다.
- 단순히 물건에 대한 소유욕이 많아서 버리지 못한다.
- 그밖에 저장 강박증이 있거나 다양한 이유로 물건을 버리지 못한다.

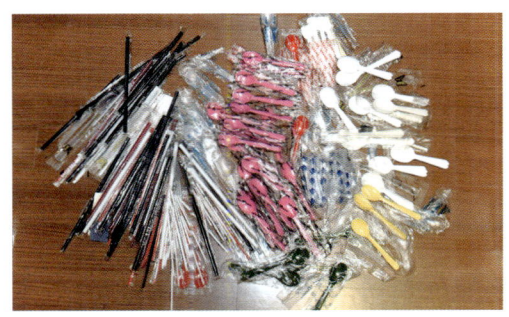

▲ 혹시 사용할까 봐 버리지 못한 일회용 빨대와 숟가락

》 지정석 없이 아무 곳에나 둔다

물건을 사용하고 나면, 그 물건이 되돌아갈 정해진 자리가 반드시 있어야 한다. 지정된 자리가 없는 물건은 사용한 후 어디에 두어야 할지 몰라 아무 곳에나 넣어 두게 된다. 그러다 보면 정리정돈에 대한 질서가 무너지고, 급기야 빈자리만 있으면 쑤셔 넣어 공간이 엉망진창이 된다. 또 되돌려 놓을 지정석이 있는 물건이라도 귀찮은 마음에 아무 데나 두거나 지정석 주변까지만 갖다 놓아도 마찬가지가 된다. 물건을 사용한 후 반드시 지정한 위치에 두는 습관을 들여야 물건의 정돈도 쉽고 찾기도 쉽다. 또 같은 물건을 재구매하는 금전적인 손실도 막을 수 있다.

▲ 제자리에 두는 습관이 없어 수많은 물건이 널브러져 있음

》 무분별한 소비 습관과 충동구매로 많은 양의 물건을 가지고 있다

물건을 수납하는 공간은 한정적일 수밖에 없다. 하지만 수납공간과는 상관없이 무분별하게 물건을 사면 물건이 점점 쌓이기 시작하고, 이를 처리하지 못해 뒤섞이게 된다. 이렇게 마구잡이로 사들이는 사람들의 속마음을 들여다보면 순간의 유혹에 넘어가거나 헛헛한 마음을 달래기 위해 충동구매를 하는 경우가 많다. 이런 습관 때문에 수납공간에 비해 물건이 많아지고, 결국 정리가 되지 않고 점점 더 복잡한 공간이 된다. 아무리 좋은 물건이라도 우리 집 이미지와 어울리는지, 물건을 놓아둘 여유 공간이 있는지를 꼼꼼히 따져 보고 구매하는 지혜가 필요하다.

▲ 재고 파악이 되지 않은 상태로 물건을 구입하여 포화 상태가 된 냉장고

나는 정리를 잘하고 있는가?

- [ ] 물건을 버리지 못하고 차곡차곡 쌓아 둔다.
- [ ] 추억이라는 명분으로 버리지 못한다.
- [ ] 버리고 나면 후회할 것 같아 버리지 못한다.
- [ ] 고가의 물건은 경제적인 손실이 생각나 못 버린다.
- [ ] 필요한 물건을 제때 찾지 못해 불편했던 경험이 많다.
- [ ] 사용한 물건을 어디에 두었는지 기억이 안 난다.
- [ ] 사용하지 않고 잊고 지내는 물건이 많아진다.
- [ ] 공간이 부족해서 이사하고 싶다는 생각이 든다.
- [ ] 사용한 물건을 다시 사용하려고 할 때 찾기 어렵다.
- [ ] 찾지 못해 같은 물건을 2개 이상 산 경험이 있다.
- [ ] 수납공간 밖으로 나와 있는 물건들이 많다.
- [ ] 수납공간이 포화 상태라 더 넣을 공간이 없는데도 쇼핑을 하게 된다.
- [ ] 일회용 플라스틱 용기들을 한 번 더 쓰려고 모아 둔다.
- [ ] 아이가 사용했던 물건들을 누군가에게 물려주려고 모아 둔다.
- [ ] 물건을 찾지 못해 가족 간의 말다툼을 한 적이 있다.
- [ ] 가족에게 정리가 필요하다는 말을 듣는다.
- [ ] 옷장에 옷이 넘쳐나는데도 막상 입을 옷이 없다고 느낀다.
- [ ] 필요하지 않지만 예쁘고 마음에 든다는 이유로 산 적이 있다.
- [ ] 구입 후 지금은 전혀 사용하지 않는 물건들이 있다.
- [ ] 충동구매 후 방치된 물건들이 있다.
- [ ] 사용한 물건들이 되돌아갈 지정된 자리가 없다.
- [ ] 청소를 해도 많은 물건 때문에 청소한 티가 나지 않는다.
- [ ] 집이 어수선해서 손님 초대하기가 두렵다.

✔ **1~5개** : 정리정돈에 대해 보통의 수준이다. 마음먹으면 차근차근하게 정리정돈을 할 수 있다.
✔ **6~15개** : 정리정돈에 대해 신경을 쓰지만 몸이 따라 주지 않는 유형이다.
✔ **16개 이상** : 정리정돈에 어려움을 겪고 있는 유형으로, 처음부터 배우고 익혀야 한다.

정리정돈의 기본은 '물건 버리기'

» 어떻게 하면 물건을 잘 버릴 수 있을까?

처음으로 물건 버리기를 시도할 때는 아무리 봐도 버릴 것이 없어 보인다. 언젠가 한 번은 쓸 것 같아 주저하게 되고, 물건을 버린다고 생각하면 왠지 모르게 낭비하는 것만 같다. 또 물건 버리는 것이 죄를 짓는 것 같아서 어렵게 느껴지는 경우가 많다. 이럴 땐 물건을 버린다는 생각보다 물건을 줄여서 공간을 확보한다고 생각하면 버리기가 조금 수월해진다. 정리정돈은 불필요한 물건을 줄이거나 없애는 것이 80%를 차지한다고 해도 과언이 아니다. 수납 도구를 사용하며 정돈과 청소를 열심히 해도 티가 나지 않는다면 불필요한 물건이 많지 않은지, 흩어져 있는 물건이 없는지 꼼꼼히 점검해 보자. 여러 번 반복하여 이야기하는 건 그만큼 물건 버리기가 정리정돈에 있어서 매우 중요하기 때문이다.

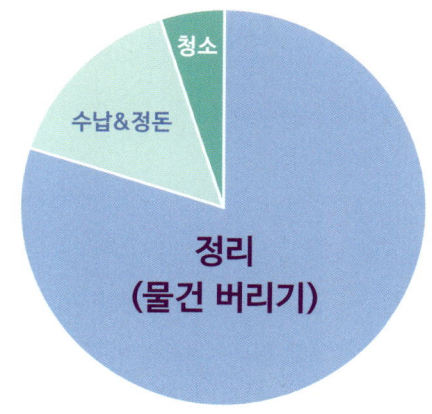

집 치우는 방법 비중

물건 버리기 3단계
❶ 물건을 모두 꺼내어 종류별로 모으기
❷ 버릴 물건에 대한 기준 정하기
❸ 버릴지 말지 5초 안에 결정하여 버리기

1. 물건을 모두 꺼내어 종류별로 모으기

물건 버리기의 첫 번째 단계는 먼저 정리하려는 물건들을 모두 꺼내 한자리에 모아 주는 것이다. 그렇게 하면 중복되는 물건이 얼마만큼 숨어있는지 한눈에 파악할 수 있다. 다음 사진은 어떤 집의 주방에서 나온 조리도구들이다. 집주인도 같은 물건이 이렇게 많이 있었다는 것에 매우 놀랐다. 같은 물건이 많아진 이유를 물어보니 필요한 물건을 찾지 못해 매번 다시 샀다는 것이었다. 물건을 모두 꺼내 종류별로 분류하는 일은 옷장이나 싱크대처럼 큰 공간을 먼저 하셔서는 안 된다. 반드시 서랍 하나, 선반 하나부터 작게 시작해야 한다. 한 번에 물건을 분류하겠다고 큰 공간에 있는 물건을 모두 꺼내면 손을 대기도 어렵고, 시간도 오래 걸리고 힘들어진다. 그러면 버리는 일이 더 어렵게 느껴진다.

버리고 나서 정리하기를 처음 하는 사람은 누구나 서툴고 익숙하지 않다. 그래서 잘 버리고 정리하겠다는 생각보다는 삶에 꼭 필요한, 최소한의 물건만 남기겠다는 생각이면 된다.

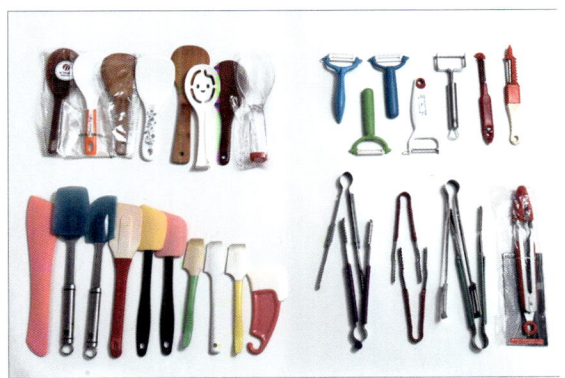

▲ 주방에서 나온 조리도구. 필요한 물건을 찾지 못할 때마다 구입한 여러 개의 같은 물건

2. 버릴 물건에 대한 기준 정하기

물건 버리기의 두 번째 단계는 기준을 정하는 것이다. 물건을 버리는 기준은 사람마다 다르다. 다른 사람이 내 물건을 정리해 준다면 낡은 것부터 버리려 하겠지만, 정작 본인은 아직도 잘 사용하고 있는 애착이 있는 물건일 수도 있다. 반대로 새 물건일지라도 앞으로 사용할 기회가 없다면 그건 버려야 하는 물건이 된다. 이렇듯 물건을 버리는 기준은 획일적이지 않기 때문에 내가 얼마나 애착을 갖고 사용할 물건인지, 앞으로 얼마나 자주 사용하게 될지에 따라 판단하면 된다. 물건 버리기의 또 다른 기준은 물건을 몇 개까지 유지할 것인가에 있다. 유지하려는 물건의 개수가 정해지면 나머지는 버리거나 다른 용도로 재활용하면 된다. 물론 욕실 수건 10개를 쓰다가 수납공간에 맞춰 5개로 줄였다면 당장은 불편하겠지만 서서히 적응해 나가게 될 것이다.

3. 버릴지 말지 5초 안에 결정하여 버리기

이제 버리는 물건에 대한 기준이 생겼다면 실제 물건을 버려 보자. 물건을 버릴지 말지, 너무 오래 생각하면 안 된다. 고민하는 시간이 길어질수록 물건을 버리게 될 확률은 점점 낮아지고 다시 수납장 안으로 들어갈 가능성이 커진다. 생각할 시간은 5초면 충분하다. 앞에서 세운 물건 버리기 기준에 맞추면 된다.

예를 들어 사연이 있거나 추억이 깃든 물건을 보는 순간 "아! 이거!" 하고 설렘이 느껴지면 남기고 아니면 버리는 것이다. 흔들리지 않고 짧지만 단호한 선택을 반복하다 보면 물건을 버리는 것이 점점 쉬워질 것이다.

> **버리기에서 청소까지**
>
> 불필요한 물건을 줄이는 **정리**가 잘되어 있으면 **수납** 방법이 간편해지고, 물건 사용하기 편리하게 **수납**이 잘되어 있으면 **정돈** 습관이 좋게 되고, 제자리에 가지런하게 두는 **정돈**이 잘되어 있으면 **청소** 시간은 단축되고 삶의 질이 달라진다.

버리기를 통한 마음의 정리

》 집 안 정리를 하기 전에 마음부터 정리하자

정리가 안되는 집은 몇 가지 공통점이 있다. 집이 너무 작거나 평수에 비해 수납공간이 부족한 경우도 있지만 대부분 공간에 비해 불필요한 물건이 넘쳐난다는 것이다. 또 다른 공통점은 사용하지 않는 물건이 많은데 버리지를 못한다. 그래서 물건을 줄이는 방법을 알려 줘도 버리지 못하고 무척 망설인다. '무엇을, 왜?' 버려야 할지에 대해 혼란이 오기 때문이다. 그런데 물건을 버려 공간을 비우고 정리가 되면 혼란은 자신감과 안정감으로 바뀐다. 사람들은 안정된 공간에서 생활하기를 원하기 때문이다.

» 물건의 수를 과감하게 줄이면 마음까지 정리된다

정리정돈은 단순히 물건을 버리고 집을 말끔하게 만들기 위해서 하는 행위가 아니다. 물리적인 면뿐만 아니라 심리적인 효과까지 얻기 위해서 하는 것이다. 누구나 힘들고 마음이 우울해질 때가 있는데, 모든 게 귀찮고 싫어지면 집 분위기도 같이 우울해진다. 그리고 집이 어수선하면 주부의 마음도 우울해진다. 이럴 때는 묵은 짐을 버리고 정리정돈하여 공간을 비우고 깨끗하게 만들어 보자. 그러면 마음도 비워지고 환해진다.

대부분의 사람은 완벽한 수납을 꿈꾸며 '어떻게 더 잘할 방법은 없을까?'를 고민한다. 나도 같은 고민을 하며 수시로 수납 방법을 바꿨고 많은 시도를 했었다. 시간이 지나면서 정리정돈과 수납이 수학 공식도 아니고, 모든 사람에게 맞는 방법은 없다는 것을 깨닫게 되었다. 사람마다 식성과 성향이 다르듯 정리정돈과 수납 방법 또한 취향과 생활 방식에 따라 달라진다. 다른 사람에게는 좋은 수납 방법이라고 하지만 나에게는 맞지 않는 방법일 수도 있다. 또 남에게 보여 주기 위한 수납 방법을 추구하지 말아야 한다. 이것은 오히려 정리 강박증에 사로잡혀 나 자신을 위한 것이 아닌 정리정돈을 위한 정돈을 하게 만든다. 공간 정리는 급한 마음보다는 충분한 여유를 가지고 도전하는 것이 좋다. 버리고 줄이면서 내가 통제할 수 있을 만큼만의 양으로 유지하자. 물건의 양을 늘리지 않으면 물건을 살 때 절제하는 힘도 생긴다. 최고의 수납 방법은 남이 어떻게 하든, 나와 내 가족이 사용하기 편하고 깔끔한 상태로 유지하기 쉬운 방법을 찾는 것이다. 그래야 정리정돈을 실천하는 과정에서 마음 정리와 함께 잃어버린 자존감을 되찾을 수 있다. 내 삶의 변화로 나와 가족의 평온함까지 따라오게 되는 것이다.

» 묵은 짐과 함께 버린 마음의 짐

정리정돈 강의를 들으러 온 주부의 사례다. 주말부부로 홀로 시어머니 병시중과 자녀교육을 도맡다 보니 정신과 육체적으로 매우 힘들었다. 그래서 힘들 때마다 속옷이나 작은 소품들을 사며 위안을 얻었다. 그러다 시어머니도 돌아가시고 자녀들도 다 커서 이제는 최소한으로 간단하게 살고 싶어 정리정돈을 시작했다. 그래서 먼저 불필요한 물건들을 줄여 나갔는데 끊임없이 쏟아져 나오는 물건에 본인도 당황했다고 한다.

"나름 알뜰하게 살림을 했다고 생각했는데, 왜 이렇게 불필요한 물건들을 많이 사다 모았는지 모르겠어요." 많은 물건을 버리다 보면 이런저런 이유로 죄책감이 들고 불안할 것 같지만 시간이 지나면 그것이 쓸데없는 걱정이었음을 깨닫는다. 줄어드는 물건과 깨끗해지는 공간을 보면서 마음도 함께 정리되어 행복하다고 한다. 정리를 통한 만족감과 행복을 느끼는 주부를 보며 나도 역시 뿌듯해졌다.

❯❯ 집안일은 가사노동이다? 아니다. 소꿉놀이다

모든 일은 마음먹기에 따라 즐겁게 할 수도 있고 힘겹게 할 수도 있다. 마찬가지로 집 안 정리를 하는 것도 '잘 안된다.', '하기 싫다.', '대신 살림해 주는 사람이 있으면 좋겠다.' 등의 부정적인 생각이 앞서면 집안일은 점점 힘들어지고 압박감으로 다가올 것이다. 정리를 시작하면서 작은 변화에도 스스로 감동하고 뿌듯함을 느끼려 노력해 보자. 그러면 가사노동이 아니라 소꿉놀이로 느껴질 것이다.

정리정돈은 꾸준한 관심이자 습관이다

정리정돈에 부담이 있거나 일상이 바쁜 사람이라면 자투리 시간을 활용하여 정리 습관을 들이는 것이 중요하다. '자투리 시간'이란 짧게는 1분, 길게는 5분을 말하는데 다른 일을 하면서 매일 물건 1~2개씩 줄이기, 사용하고 제자리에 되돌려 두기도 정리하는 시간에 포함된다. 간일 자투리 시간을 15~30분으로 길게 정해 놓으면 매일 실천하기가 부담스러워 슬그머니 포기하게 된다. 하지만 아주 짧은 시간이라면 의외로 쉽게 이어갈 수 있다.

매일 물건 1~2개씩 줄이기를 실천할 때 중요한 것은 공간이 변화하는 모습에서 받는 느낌을 절대 그냥 지나쳐서는 안 된다. '작은 습관의 변화'를 꾸준히 일으키다 보면 어느새 정리정돈의 고수가 되어 있을 것이다. 또한, 전문가 못지않게 수납 시스템을 잘 갖추었다 하더라도 꾸준한 관심과 습관이 없으면 아무 소용이 없다. 서툴러도 손과 몸에 습관이 들 때까지 꾸준히 하는 것이 정리정돈을 유지하는 비결이다.

공간 비우는 지혜 10가지

공간 변화의 시작은 물건을 버리고 줄이는 것이다. 물건을 정리하여 쾌적한 공간을 유지하고, 공간을 지배하며 삶의 질을 높이고 싶다면 다음의 '공간 비우는 지혜 10가지'를 꼭 기억하자.

1. '난 잘 버리지 못해.'라는 생각 버리기

물건을 버리지 못하고 쟁여 두는 것은 그 사람의 성격 탓도 있겠지만 쟁여 두는 생활 습관에 익숙해진 탓도 있다. 이는 버리는 행위가 낯설고 미숙한 것뿐이니 '나는 잘 버리지 못한다.'라는 생각은 떨쳐 버리자. 아마도 버리기가 끝나고 나면, 근심 걱정이 빠져나간 듯한 상쾌함을 만끽할 수 있을 것이다.

2. 망설이지 말고 지금 당장 버리기

물건을 버릴 때 5초 이상 망설이면 판단이 흐려지고 미련이 남게 된다. '나중에 버리자.', '좀 더 생각해 보고 버리자.'라고 시간을 끌면 그 물건은 영원히 버리지 못한다. 버린 뒤 아깝다고 후회하게 되는 물건은 극소수에 불과하다. 버린 물건보다 더 좋은 물건은 앞으로 계속 나온다.

3. 작은 것부터 버리기

처음부터 크고 멀쩡한 물건을 버리면 아깝고 비경제적이라는 생각이 들게 된다. 일회용품이나 선물상자처럼 작고 의미 없는 것부터 시작하면 버리기가 훨씬 수월해진다. 물건의 가치보다 공간의 가치가 더 크다는 것을 생각하자.

4. 추억의 물건은 사진으로 남긴 후 버리기

오랜 세월 동안 간직해 온 추억의 물건은 버리기 쉽지 않다. 그래도 추억의 물건만큼 가족이 머무는 안정된 공간도 중요하다. 마음이 담긴 선물, 아이가 만든 작품 등 의미 있는 물건들은 사진으로 보관하자. 비록 물건은 사라져도 추억은 남고 비워지는 공간만큼 마음 또한 정리될 것이다.

5. 물건 구입비에 대한 생각은 버리기

'얼마나 비싸게 주고 산 건데.', '한 번도 제대로 사용 못 해 봤어.', '명품 가방인데 버릴 수는 없어.'라며 버리지 못하는 경우가 많다. 아무리 고가의 물건일지라도 사용하지 않고 잠만 자고 있다면 그건 잡동사니에 불과하다. 간직하기만 하는 것은 관리 비용에 대한 부담감을 주는 애물단지가 되기 때문이다.

6. 개수를 줄여서 버리기

속옷, 냄비, 수건, 볼펜처럼 같은 물건을 필요 이상으로 많이 소유하고 있는지 확인해 보자. 여기저기 흩어져 있던 물건들을 종류별로 한곳에 모은 뒤 사용이 불편한 것, 기능이 떨어지는 것, 싫증이 난 것들을 위주로 버리면 된다.

7. 1년 이상 사용하지 않은 물건은 버리기

1년 이상 사용하지 않은 물건은 앞으로도 사용할 확률이 낮다. 결혼식 때 입은 신혼부부의 한복이나 싫증 난 장난감, 스포츠용품, 미술용품처럼 취미 생활을 위해 준비한 물건들이라면 빨리 처분하는 것이 좋다. 취미 생활을 해야 한다면 구입보다 대여 서비스를 활용해 보고 사용 빈도가 높을 때 구매하면 낭비도 줄일 수 있고 물건이 차지하는 공간도 줄일 수 있다.

8. 새로 구입한 만큼 기존 물건 버리기

물건을 구입하기 전에 반드시 수납할 공간이 있는지를 먼저 확인해야 한다. 수납공간이 부족하면 물건을 구입한 만족감보다 정리정돈에 대한 부담감만 커진다. 꼭 물건을 구입해야 한다면 그 물건이 들어갈 수 있는 공간만큼 기존의 물건을 줄이는 습관을 들여야 한다. 감당할 수 있을 만큼 물건 양을 유지하겠다는 결단력이 있어야 더는 물건이 늘어나지 않는다.

9. 꼭 필요한 것만 구입하기

물건을 줄이고 버리는 만큼 물건을 사는 방법도 중요하다. 당장 필요하지도 않은데 반짝 세일이나 '1+1' 제품이라고 구매하는 것은 합리적이고 알뜰한 소비가 아니다. 오히려 낭비이자 과소비가 된다. 지금 내게 필요한 물건인지, 진짜 사고 싶은 물건인지를 꼼꼼하게 따져 보는 현명한 지혜가 필요하다.

10. 적은 용량 제품으로 제때 구입하기

세제, 두루마리 휴지, 밀가루와 같은 생필품을 대용량이나 대량으로 구매하는 것이 훨씬 경제적이긴 하나, 대용량으로 생필품을 구입하면 공간을 많이 차지하고, 개봉하면 보관 용기를 따로 구입해야 할 때도 있다. 빠른 시일 내에 대용량 제품을 소비하기 어렵다면 적은 용량의 제품을 선택하는 것이 공간과 수고를 줄일 수 있는 방법이 된다.

버리기 쉬운 물건 10가지

아직도 물건 버리기에 어려움을 겪는다면 다음의 '버리기 쉬운 물건 10가지'를 보고, 필요 없다는 생각이 드는 것부터 과감히 버려 보자.

1. 낡은 플라스틱 용기

수세미 자국으로 흠집이 많은 오래된 플라스틱 용기는 위생을 위해서라도 버린다.

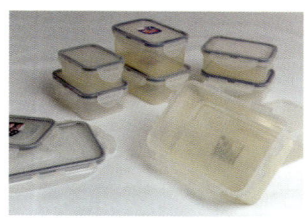

2. 사용하지 않는 연필이나 안 나오는 펜

사용하지 않는 연필이나 수명이 다해 잘 나오지 않는 펜은 과감히 버린다.

3. 소비기한 지난 식품

부엌이나 냉장고 구석에 있는 소비기한이 지난 소스나 식품은 식중독 예방을 위해 버린다.

4. 개봉한 지 오래된 화장품

화장품은 본 제품이든 샘플이든 소비기한이 있다. 샘플의 경우, 포장을 뜯지 않았더라도 소비기한을 넘겼다면 버린다.

5. 치료가 끝나고 남은 조제약

치료 후 남은 조제약은 낱개 포장이라도 이미 개봉한 것이다. 특히 물약은 보관 기한이 일주일 이내로 짧다. 남은 약은 오남용할 수 있기 때문에 버린다.

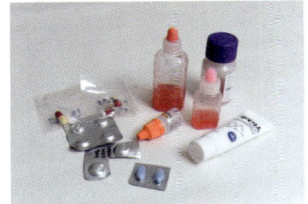

6. 각종 쿠폰 & 신용카드 & 포인트 카드

폐점했거나 도장만 찍고 안 쓰는 쿠폰들, 사용 기한이 지나 쓸모없는 할인권, 포인트 카드 또는 신용카드도 책상 서랍의 한 부분을 차지하므로 버린다.

7. 유행이 지나거나 싫증 난 패션 소품

유행이 지나거나 싫증이 나서 사용하지 않는 귀걸이, 스카프, 벨트, 모자 등의 패션 소품도 다시 사용할 일이 거의 없으므로 버린다.

8. 책장 속 안 보는 책과 다이어리

다 푼 문제집, 앞으로 안 볼 책, 수첩, 공책들을 추억으로 가지고 있을 수 있지만 다시 보는 경우는 거의 없으므로 버린다.

9. 중복되는 물건

중복되는 비슷한 물건이 여러 개 있다던 필요한 것을 제외하고 버린다.

10. 사용하지 않는 물건

사용하지 않아 먼지가 쌓이고 자리만 차지하는 물건이 있다면 버린다.

버리기 아까운 물건은 기증하거나 중고로 팔자

버리기에는 상태가 좋고 수량이 많은 물건은 주변 지인에게 나누어 주거나 가까운 복지관에 기증해 보면 어떨까? 나에게는 필요 없지만 새 주인에게는 유용할 수 있다. 기증하고 나면 봉사를 했다는 생각에 뿌듯함과 '비움'의 힘을 깨닫는다. 온라인 카페(중고나라)나 거주 지역을 기반으로 한 앱(당근 마켓)을 통해 중고 물품을 판매할 수도 있다.

정리정돈의 기본 원리

» 사칙연산으로 정리정돈 기억하기

정리정돈하는 과정은 수학의 '사칙연산'에 대입하면 쉽게 기억할 수 있다.

줄이기(−)는 정리를 시작하는 첫 단계로 수납공간에서 물건들을 빼내고 버릴 것은 버려 공간을 비워 주는 것이다.

나누기(÷)는 남겨진 물건을 용도별, 종류별로 분류하는 것을 말한다. 또 수납하려는 공간 내부도 수납 도구를 활용하여 나누어 준다. 옷장 서랍은 상의 서랍, 하의 서랍, 속옷 서랍으로 나누고 한 칸의 서랍도 세부적으로 나누어 종류별로 분류한 러닝셔츠, 팬티, 양말 등을 끼리끼리 나누어 수납한다.

지정석(+)처럼 사용한 물건을 되돌려 놓을 수 있도록 물건마다 자리를 정해 준다. 이를 통한 수납의 효과는 2~3배(×)로 상승하면서 저절로 청소 효과도 나타나고, 살림 시간도 단축되어 여유로운 생활을 즐길 수 있게 된다.

» 단계별로 다시 보는 정리정돈의 기본 원리

1. 분류하기

정리정돈의 첫 번째 단계는 버릴 물건과 사용할 물건을 분류하고 이들을 어디에 놓을 것인지 분류하는 것이다. 이 물건이 필요한 것인지, 필요하다면 지금 누구에게 어떻게 필요한지를 생각하면 된다. 이때 용도별, 가족별, 사용 횟수별로 구분하여 분류하면 보다 수월해진다. 필요 없는 물건으로 분류된 것은 정말 쓰레기통에 버릴 것인지, 아니면 다른 사람에게 나누어 줄 것인지를 정하면 된다.

2. 정돈하기

일반적으로 '정리'와 '정돈'이라는 말을 붙여 쓰는데 두 단어에는 차이가 있다. 사전적인 의미만 보더라도 '정리'는 '체계적으로 분류하고 종합하는 것'을 말하고, '정돈'은 '어지럽게 흩어진 것을 규모 있게 고쳐 놓거나 가지런히 바로잡음'이라고 되어 있다. 즉 물건들을 알맞은 곳에 깔끔한 상태로 정리하는 것이 정돈이다. 정돈을 위해서는 자기만의 방법을 찾아야 하는데 그 방법 중 하나가 수납이다. 제대로 된 수납을 위해서 자신에게 쉽고 편한 수납 방법과 수납 도구를 선택하여 정돈하면 된다.

3. 유지하기

정리정돈이 되었다고 모두 끝난 것은 아니다. 깨끗한 상태를 지속할 수 있도록 꾸준히 노력하는 습관을 들이는 것이 바로 정리의 완성 단계이다. 정리를 통해 공간이 확보되면 물건을 사고 싶은 충동이 생기는데, 비워진 공간에 다시 물건이 채워지면 '유지하기'가 실패로 돌아갈 확률이 높아진다. '유지하기'를 위해서는 물건을 더 들이지 않으려는 노력이 필요하다. 생활하다 보면 수명을 다하여 버려지는 물건이 생기고, 그러면 또 새롭게 물건을 추가할 것이다. 이 때문에 정리정돈 상태를 유지하기 어려울 수 있지만 예전과 비교하면 물건의 양도 줄고 자신만의 정리 노하우가 완성되어 훨씬 수월하게 정리정돈할 수 있을 것이다.

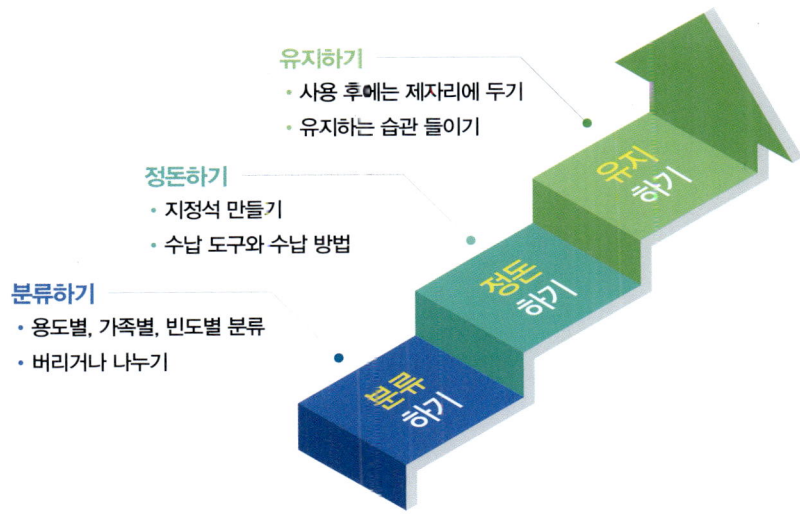

유지하기
- 사용 후에는 제자리에 두기
- 유지하는 습관 들이기

정돈하기
- 지정석 만들기
- 수납 도구와 수납 방법

분류하기
- 용도별, 가족별, 빈도별 분류
- 버리거나 나누기

쾌적한 공간을 유지하는 방법 3가지
① 불필요한 물건을 과감하게 줄이는 **'용기'**
② 꼭 필요한 것인지, 수납공간은 충분한지 판단하여 구매하는 **'지혜'**
③ 사용한 물건을 바로 제자리에 갖다 두는 정리정돈 **'습관'**

수납의 기본 원칙 6가지

» 정리정돈에서 가장 중요한 수납

정리정돈의 첫 번째 단계인 물건 분류와 불필요한 물건 버리기를 끝냈다면 이제 정돈을 해야 한다. 정돈에서 가장 중요한 것은 수납이다. 수납에는 기본 원칙이 있다. 방송이나 인터넷 매체 등을 통해 수납 관련 팁을 얻었다 해도 막상 따라 하기가 쉽지 않은 이유는 이 기본 원칙을 모르기 때문이다. 기본 원칙을 알고 난 뒤, 수납 팁을 배우면 수납이 훨씬 수월해진다.

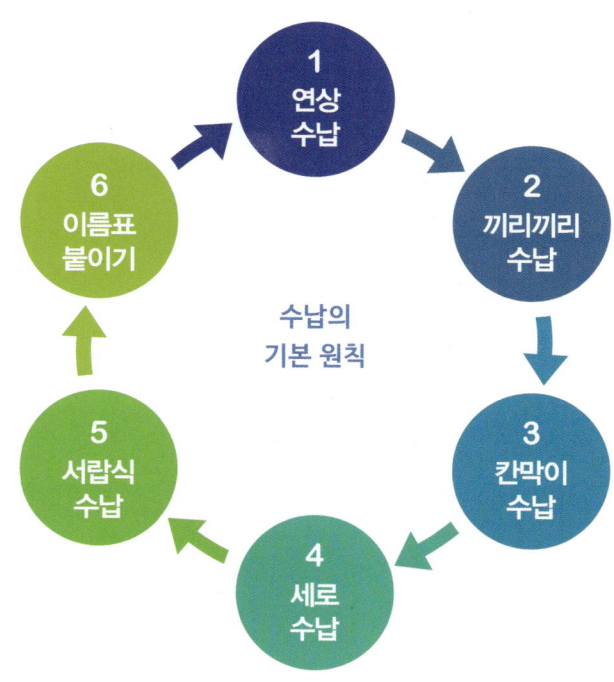

≫ 수납의 기본 원칙 6가지

수납을 제대로 하기 위한 기본 원칙에는 6가지가 있다. 연상 수납, 끼리끼리 수납, 칸막이 수납, 세로 수납, 서랍식 수납, 이름표 붙이기. 이 원칙들은 서로 관계가 있으며 수납된 상태를 유지하는 기본이 된다.

1. 연상 수납

어떤 물건을 봤을 때 자연스럽게 다른 물건들이 차례로 떠오르는 것을 '연상'이라고 한다. 물건들의 공통점을 찾아 비슷한 것끼리 모은 뒤 지정석을 만들어 주고, 연상하여 찾을 수 있도록 수납하는 방법이 바로 '연상(견관) 수납'이다. 연관되는 물건끼리 모아 두면 찾으려는 물건의 위치가 연상되어 쉽게 찾을 수 있다. 예를 들어, '속옷' 하면 팬티, 러닝셔츠, 양말, 스타킹, 브래지어를 연상하여 한곳에 모아 수납하면 쉽게 찾을 수 있다.

▲ 연상 수납

2. 끼리끼리 수납

끼리끼리 수납은 같은 종류의 물건끼리 분류하여 수납하는 것을 말한다. 연상 수납과 비슷한 것 같지만 좀 더 세부적이다. 연상 수납은 하나의 물건을 생각하면 연관된 물건이 자연스럽게 떠오르는 것으로, '식료품' 하견 라면, 밀가루, 카레, 간장 등이 떠오른다. 하지만 끼리끼리 수납은 식재료로 연상되는 수납공간 안에서 면 종류인 라면과 파스타 종류끼리, 베이킹파우더와 이스트 같은 제빵 재료끼리, 카레와 짜장 가루 같은 간편식끼리 종목별로 분류해서 정돈하는 것을 말한다.

▲ 끼리끼리 수납

3. 칸막이 수납

연상 수납과 끼리끼리 수납을 통해 잘 모아서 정돈했더라도, 칸막이가 없으면 얼마 지나지 않아 정돈된 상태는 흐트러지고 결국에는 다시 뒤죽박죽된다. 특히 넓은 공간일수록 깔끔한 수납 상태를 유지하기 위해서 칸막이 역할이 중요하다. 칸막이를 활용하면 물건이 흐트러지는 것을 방지할 수 있어, 정돈된 상태를 훨씬 오랫동안 유지할 수 있다.

▲ 칸막이 수납

4. 세로 수납

서랍에 물건을 수납할 때 대부분 가로로 눕혀 포개듯이 한다. 이런 가로 수납은 물건을 꺼내다 보면 정돈된 상태를 오랫동안 유지하기 어렵다. 이에 비해 세로 수납은 같은 공간에 더 많은 양의 물건을 수납할 수 있으며 물건이 한눈에 보여 찾기도 쉽고 꺼내기도 쉬워진다. 그와 동시에 물건의 흐트러짐이 줄어 정돈 상태를 훨씬 오랫동안 유지할 수 있다.

▲ 세로 수납

5. 서랍식 수납

냉장고나 수납장의 선반에 수납하는 경우, 선반 깊이가 깊을수록 물건을 수납하기가 쉽지 않다. 좀 더 편리한 수납을 위해 앞쪽과 뒤쪽으로 구분 짓기도 한다. 그런데 뒤쪽은 아무래도 사용하기가 불편해 활용도가 떨어져서 앞쪽에만 수납하게 되고, 결국 정돈이 되지 않아 산만해진다.

이런 경우 상자나 바구니를 활용하여 서랍식으로 수납하면 뒤쪽까지 손쉽게 사용할 수 있다. 마치 서랍을 빼내듯 바구니를 앞으로 잡아당기면 선반 뒤쪽에 있는 물건까지 모두 보여 찾기 쉽고, 다시 되돌려 놓는 일까지 편해 정돈이 수월해진다.

▲ 서랍식 수납

6. 이름표 붙이기

앞에서 소개한 5가지 원칙대로 수납하더라도 물건의 위치를 모두 기억하기란 힘들다. 좀 더 수월한 수납과 유지를 위해 투명한 상자를 사용해도 찾는 데 시간이 걸린다. 그래서 수납 바구니나 수납 상자에 이름표를 붙인다. 그러면 더 쉽고 빠르게 찾을 수 있고, 사용한 물건을 이름표대로 다시 제자리에 갖다 두기도 쉬워 정리정돈 습관을 들이기도 좋다.

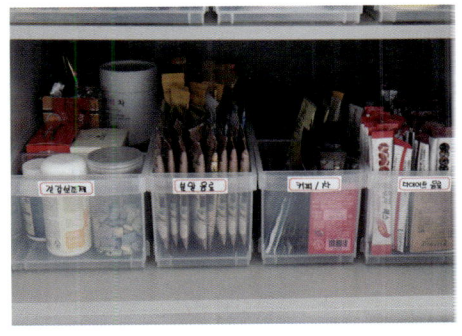

▲ 이름표 붙이기

 수준에 맞는 눈높이 수납을 하자

무슨 일이든 자기 능력보다 기대치가 높으면 따라 하기가 어려워진다. 물건의 수가 늘었다 줄었다 하는 상황에서 마치 수학 공식처럼 정답이 있는 정리정돈 방법을 찾을 수도 없고, 그럴 필요도 없다. 정리정돈을 잘하기 위해서는 무엇보다 내 능력에 맞는 눈높이 수납을 통해 포기하지 말고 꾸준하게 이어 가는 것이 중요하다.

- 사람마다 성향이 다르고 정리 방식과 수준이 다르므로 부담 없는 목표를 세워야 포기하지 않는다.
- 기준치가 높으면 쉽게 의욕을 잃는다.
- 수납은 정답도 없고 완벽한 것도 없다. 지금보다 편리하고 안정적이며, 스트레스를 받지 않고 수납 상태를 유지할 수 있는 정도면 된다.

효율적인
수납 방법

》 효율적인 수납으로 정리정돈의 효과를 높일 수 있다

어느 유명한 건축가가 인터뷰에서 '좋은 집은 고급 자재를 사용하거나 멋지게 인테리어가 되어 있는 집이 아니라 집 안에 들어섰을 때 정돈이 잘되어 있고, 전체적인 이미지가 편안하고 푸근한 느낌이 드는 집이다.'라고 했다. 정갈한 환경에서 자란 아이가 어수선한 환경에서 자란 아이보다 성격이 훨씬 원만하다는 결과도 있듯이, 정리정돈이 부실하면 가족이 편안한 마음으로 휴식하기가 힘들다.

정리정돈된 환경을 만들기 위해서는 우선 효율적인 수납이 이루어져야 한다. 효율적인 수납이란 얼마나 많은 물건을 차곡차곡 잘 넣어 둘 수 있는가를 말하는 것이 아니다. 물건을 한눈에 찾기 쉽고, 꺼내기도 쉽고, 사용한 뒤 다시 되돌려 정돈하기 또한 쉽게 하는 것이다. 효율적으로 정돈된 수납을 완성하기 위해서는 어떤 수납 방법을 선택할 것인가도 중요하다. 다음에 소개하는 수납 방법 중, 자신의 스타일에 맞는 것을 적용하여 효율적이고 정돈된 수납을 하자.

1. 보이는 수납

말 그대로 물건을 수납장 밖으로 꺼내 수납하는 것이다. 보이는 수납은 물건을 쉽게 찾고 편하게 사용하기 위한 것인데, 물건 형태나 디자인이 통일되어 있다면 인테리어 효과를 누릴 수 있다. 반대로 통일되지 않는 물건이 중구난방으로 밖에 나와 있으면 자칫 어수선해 보일 수 있다.

▲ 보이는 수납

2. 감추는 수납

물건을 최대한 수납장 안에 넣어 보이지 않게 감추는 수납이다. 물건이 밖에 나와 있지 않아 정리정돈의 효과를 확실히 볼 수 있다. 이 방법은 물건을 이용한 인테리어를 할 수 없어 단조롭거나 무미건조하게 느껴질 수도 있다.

▲ 감추는 수납

3. 보여 주는 수납

물건의 요소를 극대화하여 인테리어 효과를 주기 위해 일부러 보여 주는 수납을 하는 방법으로, 보이는 수납과는 다르다. 보여 주는 수납을 할 때는 배열할 물건들이 각각으로 보았을 때 괜찮다고 느껴져도 서로 어울리지 않으면 오히려 가치를 떨어뜨리는 역효과가 날 수 있다. 그래서 보여 주는 수납을 하려면 콘셉트를 정하고 진열까지 고려해야 세련되고 돋보이는 수납을 할 수 있다.

▲ 보여 주는 수납 (이미지 출처 : 픽사베이)

 잠자는 공간을 활용해 공간을 확보하자

고정관념을 깨고 살림 스타일에 맞게 공간구조를 바꿔 보면 어떨까? 수납장의 기존 구조를 그대로 사용하지 않고, 선반을 빼고 옷걸이 봉으로 교체하거나 상황에 맞춰 물건 위치를 이동하면 생각지 못했던 공간이 생겨 편리한 수납을 할 수 있다. 집 안 구석구석 잠자고 있는 공간들을 깨워 활용하면 훨씬 많은 양의 물건을 수납할 수 있고, 수납장 밖에 나와 있던 물건들이 자연스레 수납장 안으로 들어간다. 이는 정돈 효과를 키우고 청소 시간까지 줄여 준다.

동선과 공간 활용의 극대화

» 동선에 맞춘 가구 배치의 중요성

▲ 어수선하고 냉장고가 다용도실에 있어 요리할 때의 동선이 불편함

▲ 주부의 동선에 맞춰 냉장고를 싱크대 옆으로 이동시키고 식탁도 재배치함

물건을 버리고 공간을 비운 뒤, 다양한 수납도구로 물건을 정돈한 것만으로도 정리정돈이 되었다고 생각할 수 있다. 하지만 사람이 움직이는 동선을 고려하여 가구를 배치하는 것도 중요하다. 수납장 같은 가구를 어떻게 배치하는가에 따라 시각적인 효과는 물론 사용의 편리함도 크게 달라진다. 가구 배치에 따라 공간 활용도가 높아질 수도 있고, 반대로 공간 활용이 되지 않아 오히려 불편해질 수도 있다.

한 가정의 부엌을 예로 들어 보자. 이사할 때 냉장고를 부엌이 아닌 다용도실에 놓았더니 식재료나 반찬, 물을 꺼낼 때마다 다용도실의 문을 열고 나가야 했다. 번거로운 동선 때문에 냉장고의 활용도가 많이 떨어졌다. 특히 추운 겨울에는 냉장고가 있는 다용도실의 문을 잘 열지 않아 음식물이 버려지는 경우가 많았다. 냉장고를 다용도실에 두었던 이유는 부엌에 놓으면 시각적으로 답답해 보인다는 생각 때문이었다. 하지만 동선을 생각하지 않은 탓에 오히려 더 큰 불편함을 초래하였다. 결국 오랜 고민 끝에 냉장고를 부엌으로 옮기자 시각적으로 약간의 답답함은 있어도 생활은 편해졌다. 또 냉장고가 있던 다용도실의 빈자리에 선반을 만들자 수납공간까지 확보되어 더 효율적으로 되었다. 이렇듯 가구 배치는 시각적인 부분도 중요하지만 사용하기 편리한 동선이 더 우선되어야 한다.

» 빈 공간의 재활용

다용도실에 있어 사용이 불편했던 냉장고를 부엌으로 옮겼다. 그리고 그 빈자리에 선반을 설치하여 부엌에서 간혹 사용하는 물건을 수납하는 장소로 바꿨다.

냉장고를 이동시킨 부엌 공간과 비교해 더 많은 양의 부엌살림을 정리정돈할 수 있게 되었다. 다용도실의 창문을 통해 들어오는 먼지와 햇빛을 차단하기 위해 문짝보다 비용이 훨씬 저렴한 봉 커튼을 달았다.

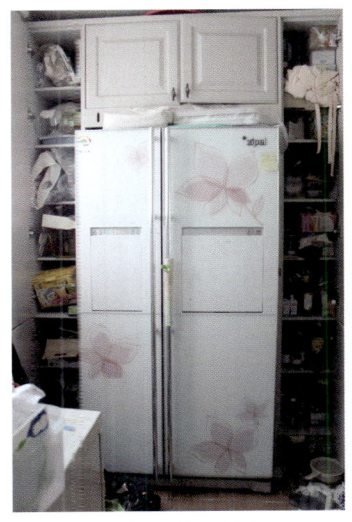
▲ 냉장고를 다용도실에 두었지만, 정리정돈이 잘 안되어 어수선함

▲ 냉장고를 부엌으로 옮기고, 그 자리에 선반과 봉 커튼을 설치해 수납함

가구 배치 요령

가구를 배치할 때는 공간 안쪽부터, 높은 가구에서 낮은 가구 순서대로 배치하는 것이 좋다. 이렇게 하면 시각적으로 안정되고 동선이 편해진다. 만약 가구를 옮기기 힘든 경우라면 중간에 액자를 걸어 높이를 순서대로 보이게 해 준다.

Special Page — 수납 도구, 어떻게 구입해야 할까?

절대로 수납 도구부터 먼저 구입하면 안 된다

수납 도구를 활용하여 공간을 말끔하게 만드는 광고를 보고, 묻지도 따지지도 않고 수납 도구부터 산 적이 있을 것이다. 이는 광고에 나온 수납 도구만 있으면 정리정돈이 쉽고 광고처럼 똑같이 말끔해질 거라는 착각을 하기 때문이다. 그런데 수납 도구가 좋다고 해서 수납이 잘되리라는 것은 잘못된 생각이다. 잘못 사들인 수납 도구는 제구실을 못한 채 애물단지가 되거나 버려지는 경우가 많다. 그 이유는 공간에 따라, 수납할 물건에 따라, 수납 방식에 따라 수납 도구가 다르게 사용이 되기 때문이다. 특히 세트로 구성된 수납 도구는 정리할 물건의 부피나 양과 맞지 않아 추가 구매하게 되거나 남을 수도 있다.

수납 도구는 불필요한 물건부터 버리고 난 뒤, 남은 물건을 어디에 어떻게 수납할지를 구상한 다음 구입해야 한다. 어떤 수납 도구가 적당한지 꼼꼼하게 따져 보고 구입해야 시간, 공간, 비용 여러 가지 면에서 실패를 줄일 수 있다. 다시 한번 강조하지만 의욕이 앞서 수납 도구부터 덥석 구입해서는 안 된다. 지금 당장 수납 도구가 있어야 한다면 재활용품으로 수납 도구를 만들어 사용해 보자. 주변에서 쉽게 구할 수 있는 재활용품으로 수납을 하고, 내 공간에 맞는 수납 방법을 깨우칠 때쯤 수납 도구를 사도 늦지 않다. 포장용 상자, 쇼핑백, 우유팩 등을 활용한 재활용품은 공간에 안성맞춤인 수납 도구가 된다. 크기가 맞지 않거나 사용하다가 불필요하게 되면 버리고 다시 만들면 된다. 비록 재활용품이라도 돈을 주고 구입한 수납 도구보다 더 유용할 때가 많다.

수납 도구 구입의 실수 사례

의욕에 앞서 수납공간을 생각하지 않고 수납 도구부터 먼저 구입한 실수 사례다. 구입한 수납 칸막이를 서랍에 억지로 끼워 넣다 보니 오히려 수납 칸이 많아져서 불편하다. 그래서 수납 칸막이 3개 중에서 2개는 빼고, 서랍 오른쪽에 있는 하얀 바구니만 중간으로 옮겨 옷의 양에 따라 좌우로 움직일 수 있도록 했다. 이렇게 수납 방법을 바꾸거나 위치만 이동시켜도 집 안 곳곳의 불필요한 수납 도구들이 속속 빠져나오게 된다. 어설픈 수납 도구의 구입은 경제적인 손실과 불편만 가중된다는 것을 기억하자.

▲ 쓸모없게 된 수납 칸막이

▲ 여러 가지 수납 칸막이를 구입하여 사용

▲ 불필요한 수납 칸막이를 없애니 오히려 여유 공간이 생김

똑소리 나는 수납 도구 구입 요령

수납에 관해 대중적인 관심이 점점 높아지면서 다양한 크기와 색상, 모양을 가진 수납 도구들이 출시되고 있다. 하지만 좋은 수납 도구들이 아무리 많아도 수많은 제품 속에서 나한테 딱 맞는 수납 도구를 찾기는 쉽지 않다. 또 수납공간에 알맞은 용도와 크기를 꼼꼼히 확인하지 않고 구입했다가 오히려 더 어수선해 보이는 역효과가 나기도 한다. 그렇다면 수납 도구를 현명하게 구입하는 요령을 알아보자.

❶ 수납공간의 크기를 실측하기

수납 도구를 구입하려면 먼저 수납공간과 바구니 크기가 서로 잘 맞는지 확인해야 한다. 수납공간의 크기를 줄자로 확인하고 필요한 수납 도구의 크기와 수량을 메모한다. 수납 제품 상표에 표기된 치수와 실제 크기가 차이 날 수 있으므로 줄자를 휴대하여 필요한 제품의 크기를 직접 재서 확인하고 구입해야 한다.

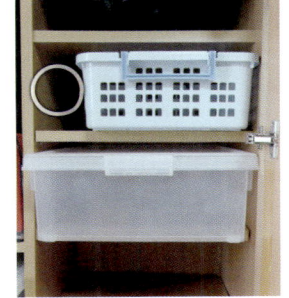

▶ 수납공간의 크기를 제대로 측정하지 않고 구입한 위쪽 선반 수납 바구니는 공간이 남음. 아래쪽 수납 바구니는 알맞은 크기로 구입

❷ 수납공간의 깊이에 맞는 바구니 선택하기

수납공간에 가장 많이 사용하는 수납 바구니는 길이가 매우 다양하다. 수납장 깊이를 생각하지 않고 수납 바구니를 구입하면 앞쪽에 남는 공간이 생기고 이 공간을 활용하기 위해 또 수납 바구니를 구입한다. 그러면 바구니가 앞뒤로 2줄이 되어 안쪽에 있는 물건을 꺼내기 힘들어진다. 이와 반대로 수납공간의 깊이와 가장 비슷한 길이의 수납 바구니를 구입하면 자투리 공간을 최소화할 수 있고 안쪽에 있는 물건도 확인이 쉬워진다.

▲ 수납장 깊이에 맞는 바구니를 선택하지 못해 자투리 공간이 생김

▲ 수납장 깊이와 길이가 비슷한 바구니를 선택하여 자투리 공간을 최소화

❸ 윗면과 아랫면의 크기가 같은 바구니 구입하기

수납 바구니 중 윗면과 아랫면의 크기가 다른 디자인이 있다. 이런 수납 바구니에 물건을 세워서 수납하면 기울어지기도 쉽고 자투리 공간도 생긴다. 바구니 여러 개를 나란히 둘수록 자투리 공간은 더 커지기 때문에 가능한 윗면과 아랫면의 크기가 같은 것으로 구입해야 효율적이다.

▲ 바구니의 윗면과 아랫면의 크기가 달라 아랫부분에 빈 공간이 생김

▲ 바구니의 윗면과 아랫면의 크기가 같아야 나란히 뒀을 때 빈 공간이 생기지 않음

알뜰한 공간 활용

수납공간은 대부분 사각형이기 때문에 수납 도구나 칸막이를 활용할 때도 원형보다 사각형을 사용해야 자투리 공간을 줄일 수 있다. 사진에서 보듯이 사각형 도구는 빈틈이 없지만, 원형 도구는 수납공간 사이에 수납할 수 없는 자투리 공간이 생긴다.

▲ 원형 도구와 비교해 사각형 도구는 자투리 공간이 없음

❹ **같은 모양과 크기로 통일감 있게 구입하기**

수납 도구를 구입할 때 다양한 색상과 모양으로 선택하면 오히려 수납에 방해될 수 있다. 모양과 크기에 통일감을 주면 수납도 편리하고 깔끔해져서 수납 효과가 배로 커진다.

▶ 수납 도구를 통일하면 포개기도 편리하고 더 깔끔해져 정리정돈의 효과가 상승됨

맞춤형 수납 칸막이를 직접 만들자

많은 수납 도구들이 쏟아져 나오지만 상황에 딱 맞는 수납 도구를 찾기는 쉽지 않다. 그럴 때 주변에서 쉽게 구할 수 있는 종이상자를 재활용하면 편리하고 유용한 수납 도구를 만들 수 있다. 오른쪽 사진은 딱 맞는 양념병 수납 도구를 구하기 어려워, 종이상자의 길이와 넓이를 양념병에 맞춰 재활용해 만들었다.

▲ 탄탄한 재질의 두유상자를 같은 높이로 잘라 긴 상자로 만듦

▲ 수납장 깊이에 맞춰 상자를 이어 붙여 긴 서랍형 수납 칸막이를 만듦

자투리 수납공간에 우유팩 활용하기

서랍이나 바구니에 우유팩을 재활용하여 수납공간을 만들다 보면 자투리 공간이 애매하게 남는 경우가 있다. 이런 경우 우유팩을 반으로 잘라 준 뒤 자투리 공간의 길이만큼 잘라 끼우고 틀립이나 집게 등으로 움직이지 않게 고정한다. 그리고 수납 바구니의 남은 공간에 넣어 주면 빈 공간 없이 수납이 가능하다.

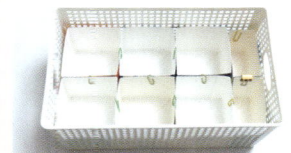

옷이 옷장에 넘치도록 있지만 막상 입을 게 없다며 옷장 앞에서 항상
고민하게 된다. 작년에 입었던 것 같은데 어디에 두었는지 기억나지 않아
또 구매를 하고, 계절이 다 지난 뒤 찾던 옷이 갑작스레 튀어나오기도 한다.
이런저런 이유로 정리를 가장 어려워하는 곳이 바로 옷장일 것이다.
이번 장에서는 옷장 수납정리 방법과 노하우를 알아보자.

CHAPTER 2

옷장 수납정리하기

미리 살펴보는 옷장 정리 노하우

Preview

 # 옷장 정리가 안되는 이유
- 버리지 않은 옷은 집에서 허드레옷으로 입을 것이다.
- 유행은 돌고 돌기 때문에 유행이 지난 옷도 다시 입을 수 있다.
- 작아진 옷은 살을 뺀 뒤에 입을 것이다.

옷장에 넘쳐나는 옷 중에서 즐겨 입는 옷은 과연 몇 벌이나 될까? 눈길이 잘 가지 않는 옷, 손이 가지 않는 패션 소품들은 시간이 지날수록 점점 관심 밖으로 멀어지게 된다. 아무리 비싼 옷이라도 옷장에서 잠자는 옷이라면 저렴하지만 늘 즐겨 입는 옷보다 가치가 낮다. 무엇보다 공간만 차지하는 거추장스러운 짐이 된다.

옷장 정리 노하우 3단계

1단계	2단계	3단계
안 입는 옷 정리하기	옷장 내부 구조 변경하기	옷의 수납 방식 결정하여 수납하기

1단계 안 입는 옷 정리하기

살이 찌면 건강도 해치고 몸매도 망가지기 때문에 건강하고 예쁜 맵시를 위해 다이어트를 하게 된다. 다이어트를 하면 몸속에 있던 독소도 살과 함께 빠지게 되는데, 옷장도 마찬가지로 독소가 되는 물건들은 옷장 다이어트를 통해 빼내야 한다. 관리할 수 있는 양만큼만 남기고 최대한 정리한다.

▶ 짐이 되어 버린 많은 옷

2단계 **옷장 내부 구조 변경하기**

옷장 구조를 더 효율적으로 사용할 수 있다면 과감하게 구조를 바꾸는 것도 좋은 방법이다. 옷장 구조를 바꾸려면 먼저 옷장 안 물건들을 어디에 놓을지 지정석을 나타내는 옷장 설계도를 그린다. 지정석은 각 선반과 서랍마다 구역을 나누어 같은 종류의 물건끼리 모아 둘 수 있도록 정한다. 이때 바뀐 위치가 익숙해질 때까지 옷장에는 설계도를, 서랍과 선반에는 이름표를 붙여 두면 도움이 된다. 그리고 옷장 선반에 수납 상자를 넣은 후 남는 공간에 맞춰 선반 위치와 높낮이를 조정한다. 옷걸이를 많이 사용한다면 선반 대신 봉으로 교체하여 내부 구조를 변경하는 것도 추천한다. 좀 번거롭지만 잠깐의 수고로 오랜 기간 편하게 사용할 수 있다.

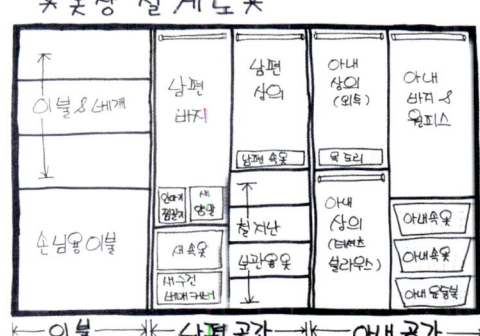

◀ 지정석을 나타낸 옷장 설계도

선반의 옷들을 수납 상자로 옮길 때 요령

수납 상자에 옷을 넣기 전에 먼저 이름표를 붙이고 옷을 넣으면 훨씬 편하다. 옷을 정리할 때도 옷장의 옷을 한 번에 정리하기보다는 선반 하나씩 차례대로 지정된 상자에 수납해야 한다. 이런 방식으로 반복하여 정돈해 나가면 작업에 대한 부담감을 덜 수 있다.

◀ 먼저 수납 상자에 이름표를 붙이고 옷을 나눔

◀ 지정된 수납 상자에 넣어 정리함

3단계 옷의 수납 방식 결정하여 수납하기

옷장 관리를 편하게 하기 위해서 계절별, 가족 구성원별, 상의와 하의 등으로 구분 지어 놓는다. 그리고 구분해 놓은 옷에 맞춰 공간을 나눈다. 옷걸이에 걸어 옷걸이 봉에 수납할 것인지, 접어서 선반이나 서랍에 보관할 것인지, 갠 옷을 눕혀서 가로 수납할 것인지, 아니면 세로로 세워 세로 수납할 것인지도 결정한다. 이렇듯 어떻게 공간을 나누고 어떤 방식으로 수납할 것인지에 대해 계획을 세워 수납해야 한다.

계절과 날씨를 고려하여 정리한다

옷장을 정리할 때 가장 고려해야 할 기준은 계절과 날씨다. 우리나라는 사계절이 뚜렷하기 때문에 겨울에는 겨울옷이 여름에는 여름옷이 걸려 있어야 찾아 입기도, 정리정돈하기도 수월해진다.

❶ **선반 수납 방식을 서랍식 수납으로 바꾸기**

겨울용 니트는 옷걸이에 걸어 두면 옷의 무게에 의해 늘어난다. 마찬가지로 패딩도 솜이나 거위털 같은 충전재가 아래로 쏠린다. 반드시 니트와 패딩은 접어서 선반이나 서랍에 수납해야 한다. 이때 접은 옷을 가로로 포개 놓으면 밑에 있는 옷을 꺼낼 때마다 옷이 흐트러지기 때문에 바구니를 서랍처럼 사용하여 세로 수납한다. 그러면 흐트러짐도 줄어들고, 선반의 안쪽 깊은 곳에 있는 물건도 쉽게 꺼낼 수 있다.

▲ 가로로 포개서 수납하면 옷을 꺼낼 때마다 흐트러지기 쉬움

▲ 바구니나 상자 등을 활용하여 서랍 방식으로 수납하면 흐트러짐 없이 옷을 꺼낼 수 있음

❷ **길이별로 옷 걸기**

옷장에 길이별로 옷을 걸면 보기에도 좋고, 짧은 옷이 걸린 하단에는 수납공간도 확보된다.

Before #1

After #1

◀ 길이별로 옷을 걸어서 하단에 수납공간이 생김

Before #옷장1

위 사진은 옷장 정리 전 모습으로, 옷이 차곡차곡 접혀 있는 것을 보면 정리를 위해 나름대로 열심히 노력했다는 것을 알 수 있다. 하지만 옷들이 자기 자리를 제대로 찾지 못해 어수선해 보인다. 특히 옷장의 수납 구조가 비효율적이다 보니 실제 수납에 활용하기가 쉽지 않은 상태다. 자투리 공간들로 인해 수납공간이 부족하고, 옷도 너무 많아 정리가 필요한 상태다.

Problem

❶ 이불장에 있어야 하는 베개가 옷 공간에 들어와 있다.
❷ 실용성이 떨어지는 인출방식 바지걸이 때문에 공간 낭비가 심하다.
❸ 넘쳐나는 목도리까지 옷의 지정석이 없다.
❹ 바지와 원피스 등 긴 옷을 걸 수 있는 공간이 부족하다.

After #옷장1

정리 후 사진을 보면, 옷장의 80% 이하로만 채우기 위해 안 입는 옷은 정리했고, 남편 옷과 아내 옷의 공간을 확실하게 구분 지어 놓았다. 비슷한 종류, 비슷한 색상, 계절별로 분류한 뒤 수납 도구를 사용하여 정돈했다. 옷장 문에 수납 봉을 달아 넥타이나 목도리, 머플러를 수납하였다. 보관용 옷들은 상자를 이용한 서랍식 수납을 통해 선반 안쪽의 물건까지 편리하게 사용할 수 있게 되었다.

Solution

❶ 기존 옷장의 구조를 변경하고 자투리 공간이 없는 수납 도구를 선택하여 훨씬 많은 양의 옷을 수납했다.
❷ 상의를 걸고 남은 아래 공간은 바구니를 이용한 서랍 방식으로 속옷을 수납했다.
❸ 오른쪽에 있던 선반을 왼쪽 옷장으로 옮기자 긴 옷을 걸 수 있는 공간이 생겼다.
❹ 걸기 불편해 밀려 나오던 스카프는 옷장 문에 욕실용 수건걸이를 부착하여 수납공간을 확보해 걸었다.

Before #옷장2

위 사진의 사례자는 옷장 내부 구조가 불편하다고 했다. 다른 집과 비교했을 때 옷이 많은 편은 아니지만, 옷장 반대편에 2단 행거와 5단 서랍장까지 두고 옷을 보관하고 있었다. 특히 2단 행거 때문에 안방이 어수선하고 창고 같다면서 심란해 했다. 이럴 때는 옷장 수납 구조를 변경하여 여러 문제를 해결할 수 있다.

Problem

❶ 비스듬한 옷걸이 봉은 불편해서 잘 사용하지 않아 필요가 없었다.
❷ ❸ 옷걸이로 걸어야 하는 옷이 많으나 접어서 수납하는 공간이 많아 불편하다.
❸ 수납 상자까지 사용했지만, 활용 미숙으로 버려지는 공간이 많다.

After 옷장

최고의 수납은 사용자의 생활방식에 맞춘 것이다. 사례자는 주로 옷걸이에 옷을 걸어 수납하기 때문에 옷을 거는 방식에 맞춰 옷장의 수납공간을 변경했다. 고정관념을 깨고 이불을 이불장 대신 옷장 아래에 나눠 수납하고 위에는 옷을 걸었다. 철 지난 옷들은 수납 상자에 넣어 손이 잘 안 닿는 위 선반에 두고, 남은 선반은 제거했다. 이불이 없어진 이불장과 선반을 제거한 자리에 사용자의 방식에 맞게 옷걸이 봉을 설치했다. 그러자 2단 행거를 철거해도 될 만큼 옷장의 공간 활용도가 높아졌다.

Solution

❶ 수납 상자를 통일하여 정돈의 효과를 높였다.
❷ ❸ 옷걸이 봉의 역할을 극대화할 수 있도록 내부 구조를 변경하자 2단 행거의 옷까지 모두 옷장 안에 넣을 수 있었다.
❹ 옷장 문에 수건걸이와 조리도구 걸이를 달아 벨트와 스카프를 걸 수 있게 수납공간을 만들었다.

수납의 기본 원칙으로 옷장 정리하기

옷장 정리정돈에서 가장 큰 숙제인 옷을 정리했다면 이제부터 기본 원칙에 맞춰 수납을 진행해 보자. 앞에서 이야기한 수납의 기본 원칙 6가지를 통해 옷장 정리 과정을 반복하며 자신만의 수납 방법을 정하고 이를 유지한다면, 옷과 옷장 정리정돈에 대한 노하우가 점점 쌓이게 될 것이다.

> **연상 수납**
> 속옷, 액세서리 등 연상할 수 있는 물건끼리 모아 수납한다.
>
> **끼리끼리 수납**
> 러닝셔츠끼리, 팬티끼리, 양말끼리 분류하여 수납한다.
>
> **칸막이 수납**
> 칸막이가 있는 바구니를 이용하여 수납한다.
>
> **세로 수납**
> 옷을 찾기 쉽게 눕히지 않고 세로로 세워 수납한다.
>
> **서랍식 수납**
> 선반은 바구니를 사용하여 서랍식으로 수납한다.
>
> **이름표 붙이기**
> 각각의 수납 바구니에 이름표를 붙인다.

1. 연상 수납

서랍에 아들의 바지와 티셔츠, 속옷 등 아들과 관련된 물건을 모아서 수납했다. 연상(연관)되는 물건들을 서랍과 같은 한 구역 안에 모아 두면 물건의 위치가 정확하게 생각나지 않아도, 한 개를 연상해서 다른 것을 쉽게 찾을 수 있다.

- **속옷 연상 수납 :**
  러닝셔츠, 팬티, 양말, 손수건, 브래지어 등
- **액세서리 연상 수납 :**
  목걸이, 귀걸이, 반지, 팔찌 등

▲ 연상 수납

2. 끼리끼리 수납

연상되는 물건끼리 분류했다면 이제 세부적으로 같은 종류의 물건끼리 모아서 수납하면 된다. 남편의 옷만 모아서 양복 상의, 와이셔츠, 바지, 활동복 상의끼리 모은 뒤 영역을 구분하여 수납한다. 연상 영역 안에서 다시 공간을 세부적으로 나누어 같은 종류를 끼리끼리 모아 수납하기 때문에 정리정돈도 수월하고 물건을 찾기도 쉬워진다. 이때 색깔별로 나누면 수납 효과가 더 살아난다.

▶ 끼리끼리 수납

3. 칸막이 수납

칸막이 수납은 한 공간 안을 세부적으로 영역을 나누고 칸을 만들어, 정돈한 상태를 잘 유지할 수 있다. 아무리 정리정돈을 잘해도 수납 칸막이를 사용하지 않으면 금세 뒤죽박죽 흐트러진다. '수납 칸막이'로 공간을 잘 나누면 정돈 상태가 훨씬 오래 유지된다.

▲ 칸막이 수납

4. 세로 수납

빨래를 갠 뒤 서랍에 차곡차곡 포개어 넣으면 아래에 놓은 옷은 보이지 않아 찾기가 어렵다. 또 옷을 찾기 위해 서랍을 뒤적거리게 되니 한껏 정돈한 옷이 허무하게 헝클어지게 된다. 이럴 땐 책꽂이에 책을 꽂듯 옷을 세로로 세워 수납하면 옷 위치도 쉽게 파악되고 정돈한 것이 흐트러지지 않는다.

▲ 옷을 포개어 가로 수납

▲ 세워서 세로 수납

가로 방향 수납과 세로 방향 수납

- **가로 방향 수납** : 옷을 가로 방향으로 세워서 넣으면, 뒤쪽 옷은 다 보이지 않고 꺼내기도 불편하다.
- **세로 방향 수납** : 세로 방향으로 세워서 수납하면, 모든 옷이 한눈에 보이고 꺼내기도 편리하다.

▲ 가로 방향 수납

▲ 세로 방향 수납

5. 서랍식 수납

선반에 수납하는 경우에는 바구니를 활용하여 서랍식 수납을 하도록 한다. 수납 바구니를 활용하면 서랍을 빼듯 바구니를 앞으로 잡아당길 수 있어 선반의 뒤쪽에 있는 물건도 쉽게 찾을 수 있고, 다시 제자리에 되돌려 두는 일까지 편해진다. 또 선반 뒤쪽의 '데드 스페이스(죽은 공간)'를 최대한 활용할 수 있다.

▲ 서랍식 수납

세워 둔 옷이 쓰러질까 걱정된다면

옷장 서랍은 큰데 옷이 적은 경우, 수납 칸막이가 없으면 세로 수납했을 때 옷이 쓰러지게 된다. 이때는 책이 쓰러지는 것을 방지하는 북 스탠드를 사용하면 된다. 반대로 옷의 양은 많지만 칸막이가 없다면, 사진처럼 서랍의 뒷줄은 무조건 세로 방향으로 세워 넣은 뒤 앞쪽 줄은 옷을 넣는 방향을 가로와 세로로 번갈아 세워 넣으면 쓰러지지 않는 수납을 할 수 있다.

▲ 옷가지 수가 많은 경우

▲ 옷가지 수가 적은 경우

6. 이름표 붙이기

수납 상자마다 상자 안에 들어 있는 내용물을 이름표에 적어 붙여 둔다. 속이 들여다보이는 수납 상자라도 이름표를 붙여 두면 물건 찾기가 더 쉽고, 갠 빨래를 지정된 칸에 넣는 습관을 들이는 데도 도움이 된다. 짧은 옷, 긴 옷, 두꺼운 옷, 얇은 옷, 상의, 하의 등 계절이 바뀔 때마다 수납 상자의 이름표를 바꿔 주면 편하다.

▲ 이름표 붙이기

재사용이 쉬운 이름표 포켓 만들기

수납 상자나 바구니에 이름표를 뗐다 붙이기를 반복하면 그 자리가 지저분해진다. 이럴 때 신용카드를 보관하는 카드지갑 안에 들어있는 비닐 속지를 한 장씩 떼어내 수납 상자에 붙이고 그 안에 이름을 적은 종이를 끼워 준다. 그러면 계절마다 바뀌는 수납 상자의 이름을 깔끔하고 쉽게 교체할 수 있다.

▲ 카드지갑 안 비닐 속지

▲ 수납 상자 이름표를 쉽게 교체

두 배로 넓게 쓰는 옷장 수납공간 활용 노하우

1. 선반 위치를 변경하여 자투리 공간 축소하기

선반에 수납 바구니를 사용하여 서랍 방식으로 수납하다 보면, 바구니의 높이에 따라 선반에 빈 공간이 생긴다. 선반의 일정한 높이 때문에 자투리 공간이 남는데 이런 경우 선반의 높낮이를 조절하여 공간을 효율적으로 사용할 수 있다. 높이 조절을 위한 선반은 싱크대 제작사에서 저렴한 가격으로 주문할 수 있다.

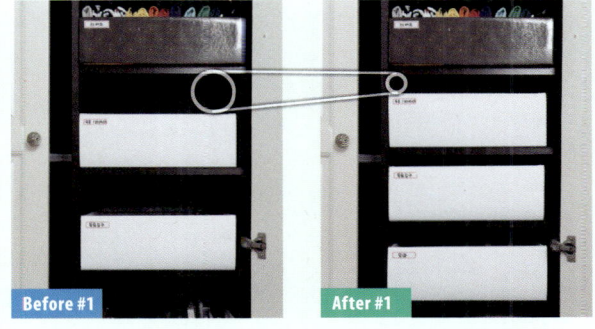

▲ 선반 높이에 비해 수납 바구니 높이가 낮아 자투리 공간이 많이 생김   ▲ 수납 바구니 높이에 맞춰 선반 위치를 조정하여 선반을 추가

2. 부피가 작은 속옷은 2단으로 수납하기

높이가 높은 서랍장에 부피가 작은 팬티나 양말을 수납하면 버려지는 공간이 생긴다. 이런 경우 포갤 수 있는 바구니를 사용하여 2단으로 수납하면 버려지는 공간을 없앨 수 있다. 복층형 바구니를 사용할 경우 아래에는 사용 빈도가 낮은 물건으로, 위에는 자주 사용하는 물건으로 구분해 넣어 준다.

▲ 1단으로 수납하기엔 자투리 공간이 많이 남음   ▲ 2단으로 쌓을 수 있는 복층 수납 바구니로 공간을 알뜰하게 활용

레일 방식 바구니의 구조를 변경하여 수납하기

옷장에 기본 제공된 레일 방식 바구니는 자투리 공간이 많아, 많은 양을 수납하기에는 비효율적이다. 레일과 레일 바구니를 뺀 뒤, 공간의 크기에 맞는 수납 상자를 넣으면 많은 양의 수납이 가능해진다. 단, 상자를 포개어 사용해야 하므로 계절용품이나 사용 빈도가 낮은 물건을 보관하면 좋다.

  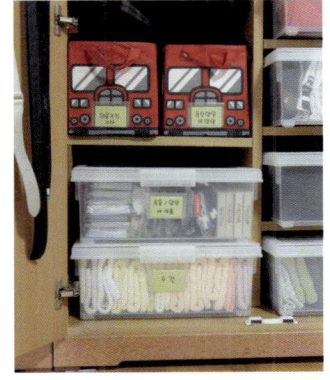

▲ 레일 방식의 바구니   ▲ 레일을 분리하여 제거   ▲ 수납 상자로 공간 활용

옷을 넣는 방향에 따라 달라지는
정돈의 효과

옷을 접는 방법은 같지만, 접힌 면을 위로 넣을지 아래로 넣을지에 따라 깔끔한 정도가 달라진다. 접힌 면을 아래로 넣는 간단한 원칙만으로도 수납 효과가 완전히 좋아진다.

3. 이불 접는 방법을 다르게 하기

이불은 몇 등분으로 개는가에 따라 공간 활용이 달라진다. 2등분으로 이불을 개면 가로 길이가 길어서 공간을 많이 차지하고, 접은 이불의 면적이 넓어 다루기 어렵다. 3등분 또는 4등분으로 이불을 개면 공간 차지도 덜할뿐더러 관리하기도 편하다. 3등분으로 접은 이불을 넣은 후 남은 공간에 4등분으로 접은 여름용 이불이나 얇은 패드, 베개를 넣으면 된다.

▶ 한 선반에 이불을 많이 넣으면, 무게 때문에 아래에 있는 이불의 솜이 짓눌림. 선반을 추가하여 보완

Before #3

After #3

미끄러지지 않게 이불 접는 방법

이불을 접는 방법은 이불장의 크기나 이불의 두께에 따라 달라진다. 두꺼운 이불은 3등분으로 접고 패드처럼 얇은 이불은 4등분으로 접으면 공간 활용에 좋다. 이불을 세로로 3등분으로 접은 뒤 가로로 4등분하여 접을 때는, 가운데 접히는 공간을 이불의 두께만큼 공간을 띄우고 접어야 이불이 미끄러지지 않는다. 이불이 앞으로 미끄러져 쏟아져 나온다면 신문지를 돌돌 말아 봉 모양으로 만들어 이불 사이에 끼워 두면 미끄럼이 방지된다.

이불을 압축하면?

수납공간을 확보하기 위해 압축 패드를 사용하여 이불을 압축하는 경우가 많다. 이불을 압축하면 압축된 만큼 공간의 활용도는 높지만, 이불솜이 짓눌려 압축 패드에서 꺼내어 복원이 쉽지 않고 보온성도 많이 떨어진다.

4. 옷장 문을 수납공간으로 활용하기

옷장 문도 훌륭한 수납공간이 된다. 옷장 문에 네트 철망이나 부엌에서 사용하는 조리도구 걸이를 부착하면 스카프나 넥타이, 벨트, 액세서리 등을 수납할 수 있다.

❶ 옷장 문에 액세서리 수납하기

귀걸이나 목걸이, 팔찌, 벨트 등은 옷장 문에 공간을 만들어 수납할 수 있다. 옷장 문 안쪽에 네트망(철망)을 설치하고 고리를 달아 귀걸이, 목걸이, 시계, 팔찌 등을 각각 따로 수납한다. 벨트는 오랫동안 돌돌 말려 있다가 펴는 과정이 반복되면 벨트의 표면에 각질이 생기거나 형태가 망가져 수명이 단축된다. 특히 가죽 벨트는 망가지기 쉬우므로 되도록 길게 펴서 수납한다.

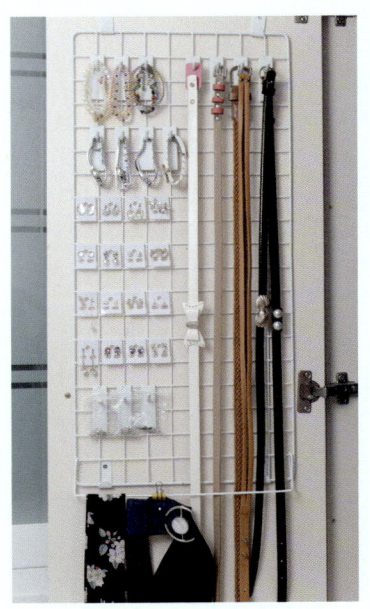

▲ 팔찌, 시계, 귀걸이 등 액세서리와 벨트는 종류별로 끼리끼리 수납

▲ 벨트는 길게 걸어 수납하고, 세탁소 옷걸이를 활용하여 벨트가 흔들리지 않도록 함

▲ 목걸이는 미니 지퍼백에 담아 서로 엉키는 것을 방지

얼음 틀에 액세서리 보관하기

사용하지 않는 얼음 틀에 귀걸이나 반지처럼 작은 액세서리를 보관할 수 있다. 얼음 틀의 칸마다 귀걸이나 반지를 수납하면 서로 섞이거나 흠집 나는 일도 적고 한눈에 보여 찾기도 쉽다. 뚜껑이 있는 얼음 틀은 2단, 3단으로 포개어 많은 양의 액세서리를 수납할 수 있다.

❷ **옷장 문에 스카프, 넥타이, 벨트 수납하기**

한쪽 옷장 문에 액세서리를 수납했다면, 다른 문에는 자주 사용하지만 보관이 쉽지 않은 스카프나 넥타이 등을 수납할 수 있다. 부엌에서 사용하는 조리도구 걸이나 욕실에서 사용하는 수건걸이를 옷장 문에 부착하면, 정돈 효과가 좋고 관리도 수월해진다.

▲ 스카프의 양이 많아 옷장 밖으로 밀려 나옴

▲ 수건걸이를 옷장 문 안쪽에 부착하여 스카프를 걸어 수납

▲ 부엌 조리도구 걸이와 수건걸이를 벨트와 넥타이 걸이로 사용

❸ **고정핀을 활용하여 넥타이 수납하기**

옷장 문에 봉 걸이가 이미 부착되어 있다면 여기에 넥타이를 수납하면 편하다. 없는 경우에는 욕실에서 사용하는 수건걸이를 별도로 부착하여 사용하면 된다. 넥타이가 봉을 타고 미끄러져 내려온다면 와이셔츠 포장 안에 셔츠를 고정하는 고정핀을 활용하여 넥타이의 흘러내림을 방지할 수 있다.

▲ 고정핀으로 넥타이를 고정하기 전

▲ 고정핀으로 넥타이를 고정

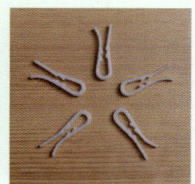
▲ 고정핀 대신 작은 문구용 집게도 사용 가능

5. 옷을 걸고 남은 자투리 공간 활용하기

긴 옷과 짧은 옷을 옷의 길이에 맞추어 걸면, 짧은 옷 아래에 빈 공간이 생긴다. 이곳에 포장용 상자를 활용하여 작은 가방을 수납할 수 있다. 빈 공간의 높이가 낮다면, 자주 사용하지 않는 스카프나 모자, 계절용품 등을 수납하는 것이 좋다.

▲ 옷을 걸고 남은 자투리 공간 활용하기

▲ 포장 상자를 활용하여 모자나 스카프를 자투리 공간에 수납

과한 수납 바구니 사용은 오히려 공간 활용의 적

위쪽 사진 서랍은 정리 칸막이 2개와 큰 바구니로 수납했다. 아래쪽 사진 서랍에서는 정리 칸막이를 없애고 오른쪽에 있던 큰 바구니만 활용하여 옷이 흐트러지는 것만 방지하여 수납했는데, 옷의 양은 똑같지만 남는 공간이 생겼다.

Before #6

After #6

수납 칸막이에 양말 수납하기

양말을 예쁘게 접는 방법은 다양하다. 하지만 아무리 예뻐도, 접는 방법이 복잡하면 시간과 노력이 많이 들어가 가사 부담이 커지게 된다. 굳이 여러 번 접지 않고 간단하게 등분하여 접은 뒤 수납 칸막이를 이용하여 수납하면, 양말이 흐트러지지도 않고 부피도 줄일 수 있다.

▲ 3등분으로 접기

▲ 2등분으로 접기

6. 니트를 옷걸이에 걸어 수납공간 확보하기

니트는 섬유 특성상 걸어서 보관하면 니트의 무게에 의해 옷 변형이 일어나기 쉽다. 겨드랑이 부분을 옷걸이에 걸쳐서 보관하면 변형되지 않는다. 옷걸이에 걸친 니트를 한 벌씩 걸면 공간을 많이 차지하므로 2~3단으로 걸면 공간도 많이 차지하지 않고 효율적이다.

❶ 니트를 반으로 접는다. V자가 나오는 겨드랑이 부분에 옷걸이를 댄다.

❷ 몸통 부분을 옷걸이에 걸쳐 내린다.

❸ 소매 부분도 옷걸이에 걸쳐 내린다.

❹ 옷걸이에 걸친 니트를 2~3단으로 걸어 수납공간을 줄일 수 있다.

TIP 옷걸이끼리 연결하는 고리는 음료수 캔 고리, 문구용 카드 링을 사용하면 된다.

7. 옷걸이를 제대로 활용하는 방법

옷걸이만 제대로 사용해도 옷을 수월하게 정돈할 수 있고 보관성도 좋아진다.

❶ 옷에 맞는 옷걸이 사용하기

옷걸이는 세탁소 옷걸이처럼 얇은 것도 있고 어깨 부분이 두꺼운 것도 있다. 많은 양을 수납하기 위해 얇은 옷걸이를 사용하면 좋겠지만, 양복이나 외투는 어깨 부분을 살려야 해서 공간을 차지하더라도 두꺼운 옷걸이를 사용해야 한다. 바지도 바지 전용 옷걸이에 걸어 두는 편이 주름 관리를 하기 쉽고 깔끔하게 수납된다. 같은 바지라도 전용 옷걸이를 사용하면 자투리 공간을 활용할 수 있다.

▲ 바지를 세탁소 옷걸이에 걸어 주름짐

▲ 바지 전용 옷걸이 사용

옷걸이 선택하기

어른과 아이의 옷걸이 크기가 다르듯 남자와 여자 옷걸이도 크기가 다르다. 옷 어깨 부분 형태가 일그러질 수 있으므로 크기가 맞는 옷걸이를 사용해야 한다.

▲ 크기가 다른 남자와 여자의 옷걸이

❷ 한쪽 방향으로 옷 걸기

옷장이 더 정돈되어 보이도록 하는 방법은 옷 부분을 오른쪽이나 왼쪽 중에 한쪽 방향으로 통일해서 거는 것이다. 옷걸이를 여러 방향으로 걸면 공간도 많이 차지하고, 옷을 찾는 데 시간도 더 걸린다.

▲ 옷이 걸리는 부분을 같은 방향으로 하기

❸ 통일성 있게 옷걸이 선택하기

옷걸이를 통일성 있게 구매하면 정돈 효과를 두 배 이상 느낄 수 있다. 당장 수십 개의 옷걸이를 교체하는 비용이 부담스러울 수 있지만, 의류매장처럼 통일된 옷걸이에 걸린 옷이 더 고급스러워 보인다. 구입하는 옷걸이도 상의와 하의, 치마와 바지를 구분하여 용도에 맞는 옷걸이를 선택하는 것이 좋다.

▲ 옷걸이를 같은 모양으로 통일하면 훨씬 정돈이 잘되어 보임

▲ 바지와 치마를 구분하여 옷걸이를 선택

• 두 배로 넓게 쓰는 옷장 수납공간 활용 노하우 •

❹ 옷걸이와 함께 옷을 빼는 습관 갖기

옷장에서 옷걸이는 두고 옷만 빼서 빈 옷걸이만 걸려있는 경우가 많다. 그러면 티셔츠 목 부분이 늘어나기도 하고 빈 옷걸이들의 부피로 공간이 부족하게 느껴진다. 옷장에서 옷을 꺼낼 때는 반드시 옷걸이와 함께 옷을 빼는 습관을 갖도록 한다.

▲ 옷걸이는 남겨 두고 티셔츠만 빼면 목이 늘어남

옷걸이 봉의 길이 측정과 설치 방법

옷걸이 봉의 길이를 측정할 때는 양쪽 U자 소켓의 두께를 빼고 측정한다. 내부 길이가 90cm라면 양쪽 U자 소켓 두께와 나사 머리 두께를 0.5~1cm로 계산해서, 실제 길이는 약 89cm라고 생각하면 된다. 옷장을 구입하면 이불장 위 칸에 사용할 여유분의 옷걸이 봉이 있는데, 만약 없다면 인터넷에서 '옷걸이 봉'이라고 검색하여 맞춤 재단으로 주문하면 절단해 준다.

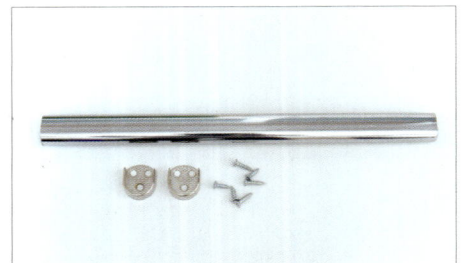

옷걸이 집게 자국 방지 방법

집게가 달린 옷걸이에 옷을 걸면, 다시 꺼냈을 때 옷에 집게 자국이 남는다. 이런 자국이 남는 것을 방지하려면, 집게로 옷을 집을 때 도톰한 천 조각을 덧대어 함께 집어 주면 된다. 벨트를 보관할 때는 문구용 집게를 사용하면 되는데, 옷과 마찬가지로 도톰한 천 조각을 덧대어 집어 준다. 천 조각은 미끄럽지 않은 것을 사용한다.

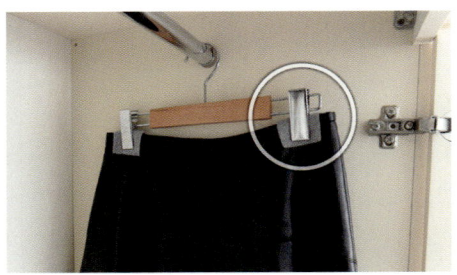

8. 다양한 방법으로 가방 수납하기

많은 종류의 가방을 수납하기 위해서는 별도의 방법이 필요하다. 가방 수납의 핵심은 가방의 형태를 유지하는 것으로, 보관 방법에 따라 거의 새것처럼 사용할 수 있다.

❶ 신문지로 수납하기

가장 쉽게 가방 형태를 유지하는 방법은 방충· 방습 효과가 있는 신문지를 넣는 것이다. 신문지 여러 장을 구겨서 하나의 뭉치로 만든 뒤, 가방 안에 넣고 가방 형태를 잡아 보관한다.

❷ 가방 주머니와 쇼핑백에 넣어 수납하기

가방을 구매할 때 보관 주머니(더스트백)가 있다면 여기에 가방을 넣어 보관한다. 보관 주머니를 사용하면 가방끼리 부딪치며 생기는 상처와 먼지를 예방할 수 있다. 아끼는 가방이라면 주머니째 쇼핑백에 넣어 보관하면 더 효과적이다. 쇼핑백 하단에 이름표까지 붙여 주면 수납 효과까지 얻을 수 있다.

❸ 가방 안에 가방 넣어 수납하기

갖고 있는 가방이 많아 수납공간에 한계가 있다면 큰 가방 안에 작은 가방을 넣어서 보관하면 된다. 이렇게 하면 공간도 덜 차지하고 작은 가방이 큰 가방의 지지대가 될 수 있다. 이때 큰 가방 안에 들어 있는 작은 가방을 기억할 수 있도록 표시해야 한다.

❹ 옷장 선반에 서랍식 수납하기

자주 사용하지 않는 가방은 옷장 선반에 보관하면 된다. 이때 선반이 깊다면 하드보드지를 활용해 슬라이드 방식으로 보관해 보자. 두꺼운 하드보드지를 선반 크기에 맞춰 자른 뒤 앞부분에 구멍을 내고 끈을 끼워 손잡이를 단다. 이렇게 슬라이드 방식 선반을 사용하면 가방을 앞뒤 2단으로 수납할 수 있고 안쪽에 있는 가방도 쉽게 꺼낼 수 있다.

재활용품 아이디어와 가성비 살림 노하우 … 옷장

재활용품 아이디어 1

종이상자로 화장품 수납 칸막이 만들기

1. 납작한 종이상자를 매니큐어의 용기 높이에 맞춰 등분하여 자른다.

2. 상자 조각들을 일렬로 정렬해 클립으로 고정한다.

TIP 수납 칸막이에 바닥면이 없어 칸막이의 구석에 먼지가 쌓이더라도 청소가 쉽다.

3. 만들어진 수납 칸막이에 매니큐어나 화장품 샘플을 담는다.

TIP 바구니가 흔들려도 매니큐어가 쓰러지지 않고 정돈 상태가 유지된다.

4. 립스틱 포장 상자를 반으로 자른 뒤 클립으로 연결해 고정하면 화장품 샘플을 수납할 수 있다.

 어떤 물건을 옷장 수납 도구로 사용하면 좋을까?

슈트케이스, 시스템 리빙박스, 패브릭 리빙박스, 칸막이 메쉬 바구니, 스텐 수건걸이, 조리도구 걸이, 북스탠드, 바지걸이

재활용품 아이디어 2

세탁소 옷걸이로 가방걸이 만들기

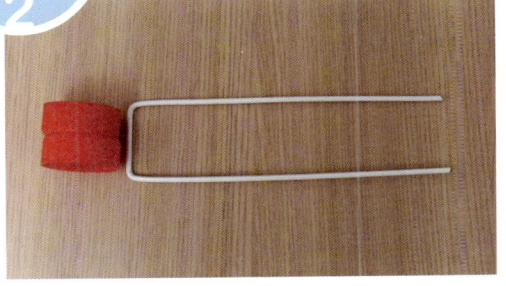

1. 병뚜껑 2개와 세탁소 옷걸이를 준비하여 옷걸이 봉에 걸릴 만큼 넉넉하게 잘라 준다. 잘라낸 세탁소 옷걸이를 병뚜껑 2개의 두께에 맞춰 ㄷ자 모양으로 구부려 준다.

2. 송곳으로 병뚜껑 2개에 구멍을 뚫은 뒤, 안쪽 면이 맞닿도록 하여 세탁소 옷걸이에 끼워 넣는다.

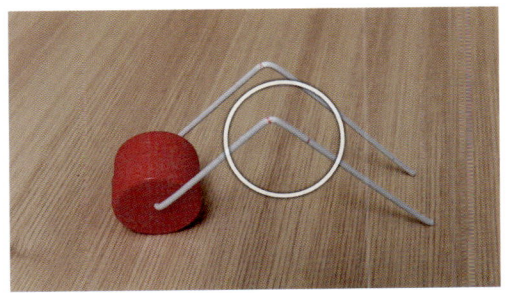

3. 옷걸이 봉의 굵기만큼 구부려질 위치를 펜으로 표시해 준다. 펜치를 사용하여 표시된 위치를 꺾어 준다.

4. 마지막으로 옷걸이 끝부분에 남은 부분을 펜치로 잘라낸다.

5. 옷걸이 봉에 만들어진 가방걸이를 걸고 가방을 걸어 두면 가방끈이 꺾일 염려가 없다.

   TIP 병뚜껑 대신 다 쓴 투명 테이프 심을 재활용해도 좋다.

6. 옷장에 가방만 걸어 둘 공간이 부족하다면, 하단 공간을 활용한다. 짧은 치마나 반바지 사이사이에 만든 가방걸이를 걸고, 가방끈을 길게 하여 가방을 걸면 된다.

재활용품 아이디어 3

세탁소 옷걸이와 달력 졸대로 수납용 옷걸이 만들기

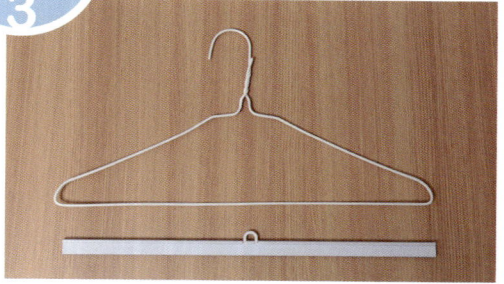

1. 세탁소 옷걸이와 달력 졸대를 준비하고, 달력 졸대를 옷걸이의 길이에 맞게 잘라 준다.

2. 옷걸이의 아랫면에 달력의 졸대를 끼우듯이 밀어 넣으면 완성된다.

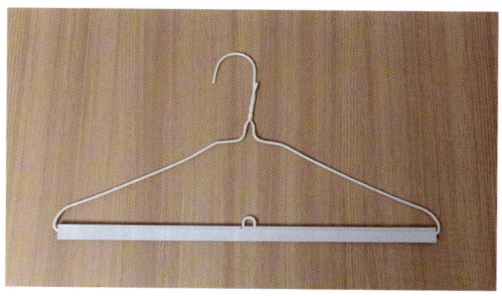

3. 이렇게 옷걸이에 달력 졸대를 끼워 넣으면 힘이 약한 세탁소 옷걸이라고 해도 스카프나 바지의 무게를 지탱하는 힘이 생긴다.

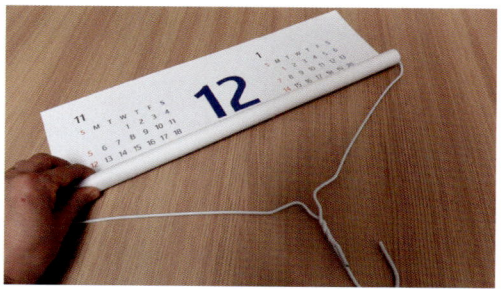

4. 졸대가 없다면 종이를 돌돌 말아 주어도 된다. 그러면 미끄럼도 방지되고 스카프나 바지에 주름도 생기지 않게 된다.

부드러운 스카프 세워서 수납하기

부드러운 소재의 숄이나 스카프는 세워서 수납하기가 불편하다. 스카프 안쪽에 빳빳한 종이를 넣으면 지지대 역할을 하므로 세워서 수납이 가능해진다.

재활용품 아이디어 4

쇼핑백으로 옷 보관 상자 만들기

1. 적당한 높이의 탄탄한 쇼핑백을 준비한다. 필요한 높이만큼 남기고, 안쪽으로 접어 넣는다.

   TIP 쇼핑백이 두꺼울 경우 접어 들어가는 위치에 칼등이나 자의 모서리 부분으로 선을 그어주면 깔끔하게 접을 수 있다.

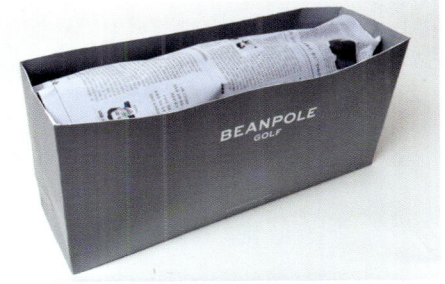

2. 옷을 넣고 먼지 방지를 위해 신문지 같은 종이로 덮어 준다.

3. 이름표를 붙이고 쇼핑백에 있던 손잡이를 아래쪽에 달아 준다. 손잡이 위치는 공간에 따라 달라질 수 있다.

4. 옷장 선반의 가장 높은 곳에 수납한다. 가벼워서 높은 선반 위에 올려도 쉽게 내릴 수 있다.

패딩점퍼는 돌돌 말아 보관하지 않는다

겨울에 입었던 패딩을 내년에도 입으려면 잘 세탁을 해서 보관해야 한다. 그런데 패딩은 부피가 크기 때문에 돌돌 말은 뒤 끈으로 묶어 보관하거나 압축팩에 넣어 보관하는 경우가 있다. 끈으로 묶거나 압축팩에 넣어서 보관을 하면, 부피는 줄일 수 있지만 다시 꺼내 입을 때 원상복구가 잘 안되는 경우가 많다. 패딩은 가능한 부피를 그대로 살려 옷 보관 상자나 쇼핑백 등에 접어서 넣어 두는 것이 좋다.

가성비 살림 노하우 1

슈트케이스로 겨울 패딩 보관하기

겨울용 패딩점퍼를 옷걸이에 걸어 보관하면 오리털 같은 충전재가 아래로 처지기 때문에 반드시 접어서 보관해야 한다. 부피가 큰 패딩점퍼를 압축팩 등으로 부피를 줄이면 짧은 여행을 가거나 단기간 수납 보관하는 경우에는 상관없지만, 장기간 보관하면 압축된 패딩의 복원이 어려워진다. 패딩점퍼 두 벌의 목 부분을 양복 살 때 주는 슈트케이스의 양쪽 끝 손잡이 쪽으로 가도록 해서 놓은 뒤 지퍼를 닫아 주면 오리털 손상 없이 패딩을 보관할 수 있다. 모자가 탈부착되는 패딩이라면 모자를 분리해서 보관하면 모자 형태가 잘 유지된다. 슈트케이스 손잡이에 이름표를 달면 찾기 쉽다.

TIP 이름표는 새 옷에 붙어 있는 옷핀이 달린 태그를 재활용하면 편하다.

가성비 살림 노하우 2

방충, 방습으로 옷 수명 늘리기

계절이 지난 옷을 보관할 때 대부분 옷에 좀이 생기는 것을 막기 위해 나프탈렌을 넣어 보관한다. 이렇게 보관된 옷을 입으려고 꺼내면, 섬유유연제 냄새와 나프탈렌 향이 뒤섞여 묘한 냄새가 난다. 옷을 보관할 때 나프탈렌 대신 신문지와 함께 접어 보관해 보자. 신문지의 인쇄 기름이 방충과 방습 역할을 해서 옷 보관 상태를 좋게 해 준다. 만일 함께 접는 것이 번거롭다면 옷의 사이사이에 신문지를 끼워 두기만 해도 된다. 신문지를 걸친 옷을 옷걸이에 걸어 보관하면 냄새도 안 나고 옷 수명도 늘어난다.

TIP 신문지는 옷을 세워 보관하기 좋게 지지대 역할을 하고, 같은 크기로 옷을 접을 수 있어 수납 효과에도 도움이 된다.

가성비 살림 노하우 3

세탁소 비닐 벗겨서 보관하기

세탁소에서 드라이클리닝을 한 옷은 비닐에 포장된 채로 받는데 대부분 그대로 보관하는 경우가 많다. 세탁소 비닐을 벗기지 않고 그대로 두면 세탁 세제 잔여물과 다림질할 때 분무한 수분으로 옷이 변색되거나 곰팡이가 생길 수 있다. 그리고 비닐 정전기로 인해 오히려 먼지를 더 끌어들이기도 한다. 세탁소에서 가져온 옷은 비닐을 벗기고 1~2일 정도 통풍한 뒤 옷장에 보관한다.

가성비 살림 노하우 4

모피, 무스탕, 가죽 옷 보관하는 방법

2~3년에 한 번씩 드라이클리닝을 하는 모피나 가죽 의류는 다른 것보다 먼지에 더 신경을 써야 한다. 그렇다고 비닐 커버를 씌워 두면 통풍이 되지 않아 수명이 단축된다. 이럴 때는 양복 슈트 케이스를 잘라 옷 커버로 활용해 보자. 남방, 와이셔츠 등 못 입게 된 옷은 버리지 않고 '옷 커버'로 사용하면 통풍도 되고 먼지에서도 벗어날 수 있다.

TIP 가죽이나 무스탕은 접어서 장기간 보관하면 접힌 부분이 손상되고, 복원이 어려우므로 접히지 않도록 주의해서 보관한다.

가성비 살림 노하우 5

음식 냄새 나는 옷 탈취 방법

외식할 때 옷에 고기 냄새, 담배 냄새가 배어 다음날 입기 곤란할 때가 있다. 옷에 밴 냄새를 제거하기 위해 섬유 탈취제나 향수를 뿌리는데 이러면 냄새가 빠지기보다 기존 냄새와 섞여 오히려 더 역할 때도 있다. 이런 경우를 위해 옷에 밴 냄새를 없애는 간단한 방법을 소개한다.

❶ 헤어드라이어와 신문지로 탈취하는 방법

냄새는 휘발성이기 때문에 열과 바람을 쐬어 주면 제거할 수 있다. 우선 냄새가 밴 옷 밑에 신문지 반쪽을 넣고 나머지 반쪽으로 옷을 덮는다. 그리고 신문지 위를 헤어드라이어로 열과 바람을 골고루 가해 주면 냄새가 사라진다.

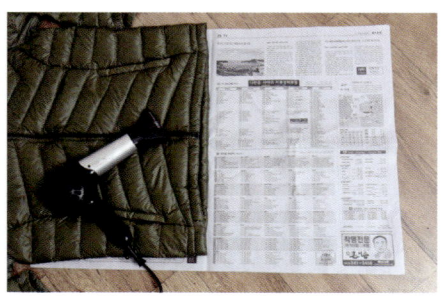

❷ 소주로 탈취하는 방법

소주를 분무기에 담아 냄새가 밴 옷에 뿌린다. 30㎝ 정도 떨어진 거리에서 뿌려 얼룩을 방지한다. 알코올 성분이 증발하면서 냄새 입자들도 함께 휘발된다.

가성비 살림 노하우 6

모자의 찌든 때 빼는 방법

면 재질의 캡 모자는 이마가 닿는 부분이 땀과 때로 찌든 경우가 많다. 특히 여성들이 사용하는 모자는 화장품 얼룩까지 묻는다. 모자의 찌든 때를 없애려면 먼저 세탁하려는 부분에 물을 묻힌다. 그리고 클렌징폼과 주방용 세제를 섞어 때가 있는 곳에 묻히고 솔 대신 손톱으로만 살살 긁어주어도 손상 없이 찌든 때가 제거된다. 때를 제거한 모자는 변형 방지를 위해 마른 수건으로 어느 정도 물기를 제거하고 형태를 다듬은 뒤 챙을 위로 향하게 하여 말린다.

형태를 유지하면서 말리거나 보관하기

모자를 말리거나 보관할 때 큰 페트병을 잘라 그 위에 얹어 두면 어느 정도 모자 형태를 유지할 수 있다.

가성비 살림 노하우 7

누렇게 변색된 옷 하얗게 되돌리기

흰옷은 시간이 지나면 점점 누렇게 변색된다. 특히 여름옷은 변색이 더 심한데 땀에 포함된 철분으로 인해 누렇게 변색되기 때문이다. 누렇게 된 옷은 산소계 표백제(과탄산소다), 구연산, 소독용 에탄올을 각각 1:1:1로 희석한 약 40℃ 미온수에 하룻밤 정도 담가 둔 다음 세탁을 하면 하얗게 된다.

TIP 흰옷을 다음 계절까지 옷장에 보관할 때는 옷에 남은 세제 찌꺼기 얼룩이나 묵은 때를 더 꼼꼼하게 세탁해야 한다. 아끼는 옷이라면 세탁소에서 세탁하고 보관하는 것이 좋다.

요즘은 부엌이 어느 한 사람만의 전용이 아닌 가족 모두의 공용 공간이다.
부엌은 단순히 요리만 하는 것이 아니라 차를 마시거나, 간단한 음주 또는
담소를 나누는 공간이기도 하다. 그래서 부엌은 가족 모두의 공간이기
때문에 정리가 더욱 필요하다.
이번 장에서는 부엌과 냉장고 수납정리 방법과 살림 노하우를 알아보자.

미리 살펴보는 부엌 정리 노하우

 # 부엌 정리가 안되는 이유
- 의욕에 넘쳐 샀지만, 사용하지 않는 부엌 가전제품이 많다.
- 조리도구를 사용할 장소와 위치가 잘 맞지 않게 배치되어 있다.
- 수납 후 자투리 공간이 많이 남아 수납공간이 부족하다고 느낀다.

토스터, 전자레인지, 전기포트, 커피메이커 등 부피가 큰 주방가전에서부터 작은 티스푼, 마트에서 구입한 여러 식재료까지, 이렇게 다양한 물건이 있는 부엌은 다른 공간보다 정리정돈이 힘든 곳이다. 그래서 더욱더 정리가 필요하다. 정리가 되지 않은 부엌은 그야말로 혼돈의 상태다.

부엌 정리 노하우 3단계

1단계 - 물건의 위치를 정하는 배치도부터 구상하기

2단계 - 동선을 고려하여 물건의 지정석 정하기

3단계 - 최단 거리 지정석에 수납하기

1단계 — 물건의 위치를 정하는 배치도부터 구상하기

부엌에는 다양한 크기, 모양, 용도의 물건들이 사용된다. 그래서 다른 어떤 공간보다 정리정돈이 어렵다. 건축가가 집을 지으려면 먼저 설계도부터 그리는 것처럼 부엌 정리도 가장 먼저 '어떤 물건을, 어느 공간에, 어떻게 둘지' 꼼꼼히 따져, 배치도를 그리면서 구상하는 편이 좋다. 생활방식에 맞춰 그린 배치도에 따라 물건들을 지정석에 옮기면, 우왕좌왕하지 않고 효율적으로 정리 작업을 마무리할 수 있다. 처음에는 시행착오가 생길 수 있지만 사용하면서 불편한 점은 배치도를 조금씩 수정하며 개선하면 된다.

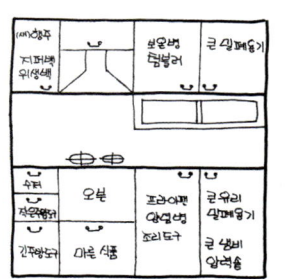
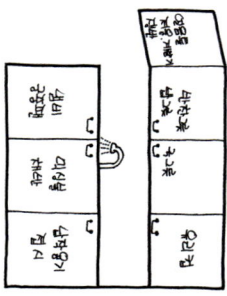

◀ 직접 그려 보는 부엌 물건 배치도

2단계 | 동선을 고려하여 물건의 지정석 정하기

부엌은 온가족이 함께 시간을 보내는 공간이기 때문에 즐거워야 한다. 그러기 위해서는 편안한 마음으로 식사를 준비할 수 있도록 효율적이고 체계적인 동선이 필요하다. 식재료를 다듬고 씻고 썰어서, 가스레인지에 볶고 끓여 음식을 만드는 순서로 동선을 배열하면 요리가 즐겁고 편해진다. '좁은 부엌에서 동선 차이가 생겨봤자 얼마나 많이 나려나?' 생각할지도 모른다.

단언컨대 좁은 부엌이라고 해도 차이가 난다. 바쁘게 조리하는 동안 왔다 갔다, 뒤죽박죽, 정신없이 움직일 때는 에너지 소비가 크다. 그러나 동선에 맞춰 조리 순서대로 움직인다면 편리해진 만큼 시간과 에너지 낭비가 확실히 줄어든다.

다시 말해, 능률적이고 효율적인 부엌은 음식을 만드는 순서에 따라 [냉장고] → [준비대] → [개수대] → [조리대] → [가열대] → [배선대]로 움직일 수 있어야 한다. 물건의 정돈 또한 이 동선대로 하면 훨씬 수월하게 부엌일을 할 수 있다.

조리 작업 동선

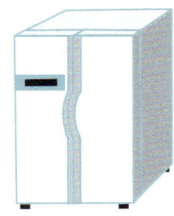    

❶ 냉장고에서 식품 재료를 꺼내 ❷ 개수대에서 다듬어 씻고 ❸ 씻은 재료를 썰고 ❹ 가스레인지에서 조리한 후 ❺ 식기에 담는다.

에피소드

문화센터에서 수납 강의를 할 때 수강생의 이야기이다. 시댁 부엌은 일하는 동선에 맞춰서 싱크대 구조를 잘 갖췄는데, 시어머니가 양념병이나 밥그릇, 잡다한 물건들을 본인 편한 자리에 두는 바람에 시댁에서 음식을 하면 집보다 두 배는 더 피곤하다고 했다. 수납을 배우기 전에는 이유를 몰랐는데, 배운 후에는 동선과 물건의 위치가 부엌에서 얼마나 중요한지 절실히 느꼈다고 한다.

3단계 | 최단 거리 지정석에 수납하기

부엌 물건의 지정석은 사용하는 장소와 가장 가까운 곳이어야 한다. 그래야 사용하기 편하고 물건을 제자리에 되돌려 두는 습관도 들이기 쉽다. 사용하는 장소가 멀면 제자리에 갖다 두기 귀찮아져 아무 데나 두게 된다. 특히 부엌은 물건의 종류가 다양하고 개수가 많아서 더 그렇다. 우선 사용 빈도가 가장 높은 개수대와 가스레인지 주변부터 정리하면 지정석을 정하기가 수월해진다.

▲ 개수대 상부장 : 설거지할 때 편리하도록 밥그릇, 접시, 반찬통 등 매일 쓰는 도구들 배치

▲ 개수대 하부장 : 배수관을 타고 흐르는 물로 인해 습기에 약한 식품이나 전기제품은 수납하지 않음

| 물건의 사용 빈도와 무게까지 고려

조리도구와 그릇의 지정석을 정할 때는 동선과 함께 물건의 사용 빈도, 특성, 신체 치수 등도 고려한다. 자주 사용하는 것은 쉽게 꺼낼 수 있는 위치 즉, 손이 닿는 '핸드존'의 앞쪽에 두는 것이 좋다. 높은 곳에는 사용 빈도가 낮고 가벼운 물건을, 다리를 굽혀야 하는 낮은 곳에는 사용 빈도가 낮고 무거운 물건을 수납한다.

- 거의 쓰지 않는 물건/가벼운 물건
- 가끔 쓰는 물건
- 자주 쓰는 물건/손상되기 쉬운 물건
- 가끔 쓰는 물건
- 거의 쓰지 않는 물건/무거운 물건

사용 빈도를 고려하지 않은 수납

아무리 정리정돈이 잘되어 있다 하더라도, 사용자의 위치를 고려하지 않으면 불편하다. 오른쪽 사진의 부엌은 정돈은 잘 되었지만, 사용 빈도와 위험성을 고려하지 않았다. 그래서 사용 빈도에 맞춰 다시 정리정돈 하였다.

▲ 정돈 상태는 양호하지단 사용 위치가 맞지 않아 일할 때 불편

▲ 개수대 위 상부장에 있던 컵을 정수기와 커피머신 쪽으로 옮기고, 그 자리에 매일 사용하는 밥그릇, 국그릇, 접시, 반찬 용기를 옮겨 수납

▲ 무거운 사기그릇을 하부장으로 옮기고 정수기와 커피머신의 위치에 맞춰 물컵과 커피잔을 놓음

싱크대 밖에 나와 있는 물건 최대한 줄이기

부엌 수납이 실용성과 인테리어 두 가지를 모두 충족하려면, '보이는 수납'과 '감추는 수납'을 적당히 혼용하는 것이 좋다. '수납의 기본 원칙'을 토대로 공간을 알차게 사용해 수납하면, 밖에 나와 있는 물건을 많이 줄일 수 있다. 싱크대 위에 나와 있는 물건을 최대한 줄이면 공간이 넓어 보이고, 깔끔한 효과가 배로 커진다.

▲ 싱크대 우에 나와 있는 물건을 최소화

▲ 수납의 기본 원칙으로 자투리 공간까지 최대한 줄인 공간 활용

Before #부엌

위 사진의 사례자는 다른 사람들처럼 깔끔하고 정리된 상태로 살고 싶다는 마음이 간절했다. 그래서 주변의 도움을 받아 몇 번의 정리정돈을 시도했지만, 번번이 실패했다. 정리된 부엌은 얼마 되지 않아 또다시 원래의 상태로 되돌아갔고, 급기야 정리정돈 자체를 포기하기에 이르렀다. 이 경우는 정리정돈된 상태를 유지하는 것이 더 중요하다고 느껴 동선에 맞춰 정돈 상태를 지속할 수 있도록 했다.

Problem

① 지정석이 없는 물건을 작은 틈만 보이면 집어넣었다.
② 30평대 넓은 부엌임에도 수납공간이 부족해 아수라장 같은 모습이다.
③ 제자리를 찾지 못하고 방황하는 물건들이 많아, 음식 만드는 곳으로 안 보인다.

After #부엌

기본적으로 정리가 안 되어 있어 불필요한 물건을 버리고, 필요한 물건만 남겨 둔 것만으로도 수납의 효율이 개선되었다. 그 후 다용도실에 있던 냉장고를 가져와서, 사용 빈도와 동선에 맞게 물건을 수납하고 보이지 않는 수납을 했다. 사례에서 정리가 안 된 가장 큰 이유는 불필요한 물건을 버리지 못해서였다.

Solution

❶ 수납의 기본 원칙과 공간 활용으로 밖이 나온 물건이 없도록 수납했다.
❷ 개수대 위 상부장에는 사용 빈도에 맞춰 자리를 정해 수납했다.
❸ 효율적인 동선을 위해 다용도실에 있던 냉장고를 부엌 안으로, 식탁을 싱크대 옆으로 옮겼다.
❹ 가스레인지 하부장 왼쪽에는 프라이팬들을, 오른쪽에는 양념 종류를 수납했다.

수납의 기본 원칙으로 부엌 정리하기

연상 수납
통조림, 건조식품, 간편식 등 식재료를 연상할 수 있는 물건끼리 모아 수납한다.

끼리끼리 수납
면 종류, 소스 종류, 제과제빵 재료, 가루 식품끼리 분류하여 수납한다.

칸막이 수납
식품이 섞이거나 쓰러지지 않도록 바구니 안에 수납 칸막이를 설치한다.

세로 수납
납작하게 포장된 재료도 세로 방향으로 수납하여 찾기 쉽게 한다.

서랍식 수납
긴 바구니를 서랍식으로 사용하여 선반 안쪽까지 알뜰하게 수납한다.

이름표 붙이기
바구니마다 구분이 쉽도록 종류별로 이름표를 붙인다.

부엌에서 사용하지 않는 물건들을 정리했다면, 다음은 수납의 기본 원칙에 맞춰 적재적소에 수납해야 한다. 부엌은 다른 공간과 비교해 물건의 종류가 다양하고 개수도 많으므로 수납의 기본 원칙이 필요하며, 이에 따라 수납했을 때 더 큰 효과를 볼 수 있는 곳이기도 하다.

1. 연상 수납 & 끼리끼리 수납

서랍에는 수저를 생각하면 연상되는 종류를 수납했다. 수저와 비슷한 종류들이 한 공간에 모여 있어 찾기 쉽고, 사용한 수저를 제자리에 되돌려 두기에도 편하다. 수저 서랍에는 수저와 같이 연상되는 숟가락과 젓가락, 스테인리스 수저와 나무 수저, 티스푼 세트 등을 끼리끼리 수납하였다.

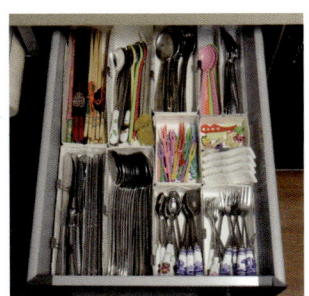

▲ 연상 수납 & 끼리끼리 수납

2. 칸막이 수납 & 세로 수납

길이가 긴 물건은 수납 칸막이가 없으면 세로 수납하기가 어렵다. 그래서 우유통과 우유팩을 수납 칸막이로 활용하여, 빨대, 일회용 수저, 밀봉 졸대, 아이스크림 스푼, 김발처럼 긴 물건들을 세로로 수납했다. 연필을 꽂아 두듯 세워서 수납하니 물건을 한눈에 찾을 수 있어 편하고, 하나씩 빼내도 다른 물건과 섞이지 않아 흐트러짐도 줄어든다.

TIP 우유통과 우유팩을 잘라 만든 수납 칸막이는 비록 재활용이지만 통일감만 준다면 돈을 들이지 않고도 깔끔함을 더할 수 있다.
우유팩 칸막이 만드는 방법은 203쪽을 참조한다.

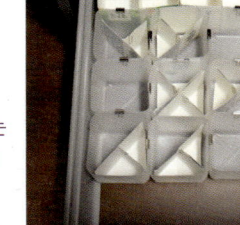

▲ 칸막이 수납

▲ 세로 수납

부엌에서 세로 수납하기

부엌 수납도 옷장과 마찬가지로 세로 수납의 활용도가 높다. 세로 수납 방식은 다른 사람이 물건을 찾는 것도 쉽게 해 준다. 부엌에서 다양하게 활용되는 세로 수납을 살펴보자.

❶ 하부 서랍장에 생활용품 수납하기

싱크대의 하부 서랍장에 물건을 가로로 수납하면 서랍 안쪽에 있는 물건이 보이지 않아 꺼내기 어렵고, 꺼낸다고 해도 정돈한 물건이 쉽게 흐트러진다. 그런데 세로로 수납하면 가로 수납의 단점이 모두 보완된다. 수납 방향만 바꾸었을 뿐인데 효과가 확연히 달라진다.

가로 수납

세로 수납

❷ 싱크대 상부장에 컵 수납하기

싱크대 상부장에는 가볍고 활용 빈도가 높은 컵을 수납하는 경우가 많다. 컵의 높이나 종류에 따라서 가로 방향으로 수납하면 예뻐 보일 수는 있겠지만 뒤쪽 컵을 꺼낼 때 떨어뜨릴 위험이 있다. 반면, 컵을 키 순서에 맞춰 세로 방향으로 배치하면, 같은 모양을 꺼낼 때 필요한 컵을 앞에서부터 안전하게 꺼낼 수 있다. 마트에서 크기가 다른 음료나 통조림을 제품별 세로 방향으로 진열하는 이유와 같다.

가로 수납

세로 수납

❸ 싱크대 하부장에 접시 수납하기

접시는 무게가 있어 싱크대 하부장에 수납하는 것이 좋다. 대부분 같은 종류의 접시를 대, 중, 소로 포개어 수납한다. 이렇게 수납하면 아래에 있는 큰 접시를 꺼낼 때 위에 있는 작은 접시를 모두 옮겨야 해서 번거롭다. 책꽂이를 이용해 접시를 세워서 세로로 수납하면 꺼내기와 관리가 훨씬 편리하다.

가로 수납

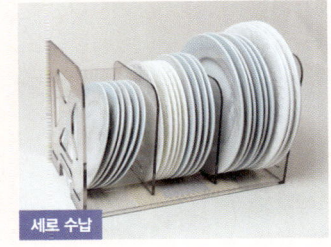
세로 수납

❹ 접시를 세로 수납하고 남는 공간 활용하기

접시를 세로로 세워서 수납하고 남은 공간에는 큰 접시를 눕혀서 수납하면 된다. 접시 크기에 맞춰 선반 높이를 조절하면 자투리 공간을 최소화할 수 있다. 접시를 2열로 수납할 때, 많은 공간을 차지하는 큰 접시는 앞쪽에 두되, 높지 않게 쌓아야 뒤쪽 접시를 꺼내기 쉽다.

▲ 접시를 세로로 세워서 수납

▲ 앞줄 접시는 높지 않게 쌓기

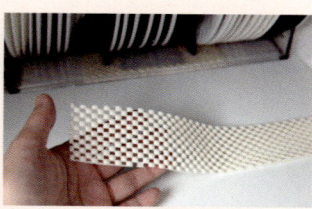
TIP 접시꽂이가 움직이면 미끄럼 방지 매트를 깔아 준다.

3. 서랍식 수납 & 이름표 붙이기

다양한 양념을 한곳에 넣어 두면 서랍 안쪽에 어떤 것이 있는지 알기 어렵다. 이럴 땐 바구니에 수납하여 서랍처럼 앞으로 잡아당기면 뒤쪽 양념들도 한눈에 다 볼 수 있다. 그리고 위에서 봐도 양념 종류를 쉽게 구별할 수 있도록 양념병 뚜껑에 이름표를 붙인다. 고춧가루는 빨간색, 깨소금은 노란색 등 양념 색깔도 구분하면 더 빠르게 식별할 수 있다.

▲ 서랍식 수납 & 이름표 붙이기

두 배로 넓게 쓰는 부엌 수납공간 활용 노하우

1. 개수대 상부장 수납하기

개수대 바로 위 상부장에는 밥그릇, 국그릇, 반찬 용기 등 사용 빈도가 가장 높은 식기들을 수납한다. 설거지하고 난 식기는 개수대 위에 있는 물받이에서 물을 뺀 뒤 상부장에 수납하면 편하다. 자주 사용하는 식기는 상부장에서도 아래쪽에, 가끔 쓰는 식기는 위쪽에 정돈하는 것이 효율적이다.

유리 밀폐 용기는 뚜껑을 분리하여 수납하기

유리 밀폐 용기는 뚜껑을 분리해 수납하면, 유리그릇이 미끄러질 염려도 없고 뚜껑을 열었다 닫았다 하는 횟수도 줄어 편리하다.

▶ 사용 빈도에 따라 식기류를 수납

2. 개수대 좌우 상부장 수납하기

개수대의 좌우 상부장도 위쪽에 사용 빈도가 낮고 가벼운 텀블러 같은 물건을 수납한다. 세로 수납이 편리하다고 지금까지 강조해 왔지만 예외는 있다. 텀블러와 같은 물병은 세로보다 가로 수납이 더 편하고 활용도도 높다.

재활용품을 활용하여 가로 수납하기

사각 모양의 페트병이나 우유팩을 윗부분만 잘라내 가로로 쌓아 칸을 만든다. 이렇게 쌓아 만든 수납 칸에 텀블러를 가로로 눕혀 보관한다.

▲ 텀블러들을 세워서 수납하면, 뒤쪽이 잘 보이지 않고 꺼내기도 불편함

▲ 가로로 눕혀서 수납하면, 한눈에 다 보이고 꺼내기도 훨씬 편함

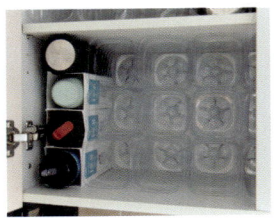

선반 위치를 변경하여 자투리 공간 활용하기

선반에 물건을 수납하고 그 위로 자투리 공간이 많이 남거나 미세한 높이 차이로 물건이 들어가지 못할 때, 선반의 위치를 변경하면 공간을 효율적으로 활용할 수 있다.

▲ 선반 위치를 위로 올려 공간을 활용

▲ 선반 상단에 자투리 공간이 남음

▲ 선반을 추가하여 더 많이 수납하게 됨

선반 위치를 변경할 수 없다면

자가가 아닌 임대주택에서 산다면 싱크대 선반을 마음대로 추가하거나 위치를 바꾸기 어려울 수 있다. 그럴 때, 남는 공간의 선반에 추가 선반을 걸쳐 사용하면 자투리 공간을 적극 활용할 수 있다.

▲ 같은 모양의 추가 선반을 위아래로 방향만 다르게 놓음

▲ 세로 수납이 어려운 접시는 추가 선반에 포개서 수납

미니 2단 선반에 작은 그릇 수납하기

작은 그릇은 미니 2단 선반을 활용하여 수납하면 좋다. 위아래 2단으로 수납할 수 있어서 여러 개의 작은 그릇들을 포개지 않아도 된다. 또 같은 종류를 앞뒤 2줄로 두어 공간을 활용할 수 있다.

▲ 세로 수납이 어려운 작은 그릇은 미니 2단 선반에 수납

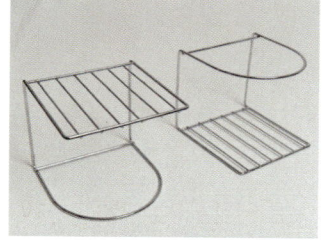

• 수납 도구 제품명 – 스페이스선반 (소)

3. 개수대 하부장 수납하기

개수대 밑 공간은 주로 냄비나 채반을 수납한다. 만약 이곳에 보일러 조절기가 있으면 물건을 놓을 수 없어 죽은 공간이 된다. 그래서 압축봉 2줄을 앞뒤로 설치하고 봉 위에 네트망(철망)을 올려 수납공간을 확보했다. 그곳에 작은 수납 바구니를 넣어 수납공간 부족으로 제자리를 찾지 못하던 조리도구를 정돈하면 된다. 이때 바구니 높이가 높으면 물건을 꺼내기 불편하니, 구매할 때 꼼꼼히 체크하자.

▲ 압축봉 2줄을 설치한 후 보일러 조절기 위에 네트망을 올려 줌

▲ 높이가 낮고 작은 수납 바구니에 조리도구를 수납

개수대 하부장의 남은 공간 활용하기

수납 바구니를 넣고 남은 아래 공간에는 파일 정리함에 프라이팬을 세워서 수납했다. 부엌 청소용 솔들은 사용하지 않는 식기세척기의 수저통에 수납했다. 그러고도 남은 공간에는 쟁반과 도마를 수납했다.

▲ 파일 정리함을 활용하여 프라이팬 수납

▲ 남은 공간에 쟁반과 도마 수납

싱크대 하부 걸레받이 공간에 프라이팬 수납하기

싱크대 다리를 가려 주는 걸레받이 부분도 훌륭한 수납공간이 된다. 자주 사용하지 않는 큰 궁중 팬이나 사은품으로 받은 새 프라이팬 등은 걸레받이의 틈새 공간에 수납하면 된다.

▶ 자주 사용하지 않는 팬은 걸레받이 부분에 수납

4. 싱크대 하부장 서랍 수납하기

싱크대 하부장 서랍은 칸마다 용도가 비슷한 물건끼리 모아 수납하면 된다. 첫째 칸은 숟가락, 젓가락, 포크 등 수저 종류를 끼리끼리 나눠 수납하였다. 둘째 칸은 우유팩을 수납 칸막이로 사용하여 행주와 조리도구를 헝클어지지 않게 수납하였다. 가장 아래에 있는 서랍은 지퍼백, 위생백, 위생장갑 등 일회용품들을 서랍에서 꺼내지 않고 바로 뽑아 사용할 수 있도록 수납하면 편리하다.

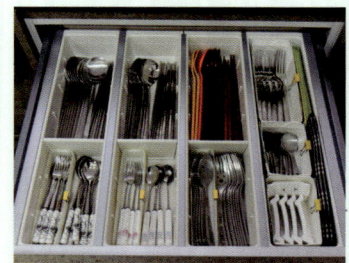
▲ 수저와 연상되는 것들을 끼리끼리 수납

▲ 요리에 사용하는 각종 작은 도구를 수납

▲ 세로 방향으로 수납을 하되 자주 사용하는 물건을 앞줄에 배치

5. 싱크대 문 안쪽 공간에 수납하기

싱크대 문 안쪽은 매우 훌륭한 수납공간이다. 싱크대 문 안쪽에 네트망과 바구니, 케이블 타이, 수건걸이 등을 부착하면 부엌에서 자주 사용하는 물건들의 수납공간이 된다.

❶ 네트망 활용하기

나사못을 박으면 싱크대 문에 흠집이 나므로, 싱크대 행거를 사용해 네트망을 고정한다. 고정된 네트망에 '일자훅'을 끼워 주면 원하는 대로 위치 변경이 가능한 수납공간이 된다.

▲ 싱크대 행거를 문에 걸어 네트망 설치

▲ 국자, 뒤집개, 집게, 깔때기 등 조리도구들을 문 안쪽에 걸어 두면 깔끔한 수납 가능

싱크대 하부장 문 안쪽에 행주 수납하기

일반적으로 행주는 차곡차곡 접어서 싱크대 서랍에 보관한다. 하지만 하부장 문 안쪽을 활용하여 수납할 수도 있다. 욕실에서 사용하는 수건걸이 2개를 세로로 나란히 부착하고 행주를 접어 끼워 주면 좋은 수납공간이 된다.

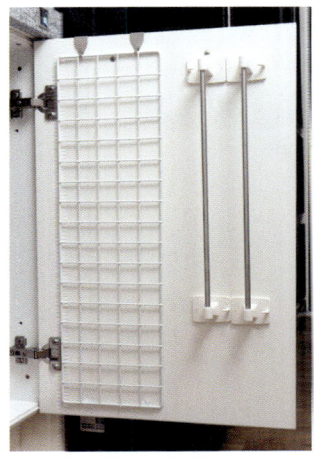
▲ 하부장 문 안에 수건걸이 2개를 세로로 부착

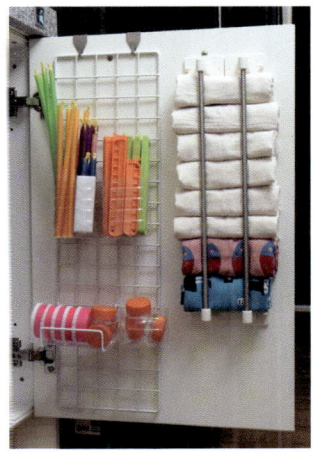
▲ 수건걸이와 문 사이에 접은 행주를 끼워 수납

❷ 칼꽂이 옆 공간 활용하기

대부분 개수대 하부장 문 안쪽에는 칼꽂이가 설치되어 있다. 칼꽂이가 설치되고 남은 공간에, 네트망을 부착하고 오픈형 칼꽂이를 붙이면 부엌칼은 물론 가위, 빵칼, 감자칼, 과도 등을 꽂아 둘 수 있다.

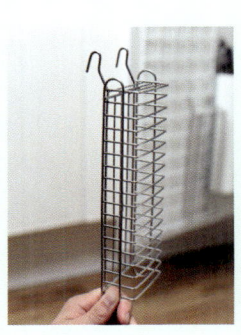
• 수납 도구 제품명 –
 (네트용) 스텐레스 칼꽂이

▲ 하부장 문 안쪽 칼꽂이 옆 공간에 네트망과 오픈형 칼꽂이를 설치하여 조리도구를 수납

❸ 벨크로 밴드 활용하기

일반적으로 위생백, 위생장갑, 쿠킹 포일 등은 서랍에 두고 사용하는데, 싱크대 수납장 문 안쪽 공간을 활용하는 것도 좋다. 네트망을 부착하고 일회용 위생용품을 벨크로 밴드로 감아 붙여 수납하면 정돈 상태를 잘 유지할 수 있다. 일회용품은 물론 뽑아 쓰는 쓰레기 종량제 봉투까지 수납할 수 있다.

▲ 싱크대 문 안쪽 공간 활용

벨크로 밴드를 활용하여 위생용품 수납하기

네트망 사이에 위생장갑 상자를 끼울 수 있도록 '벨크로(찍찍이) 밴드'를 통과시킨다. 그리고 벨크로 밴드로 위생장갑 상자를 감아 붙여 고정한다.

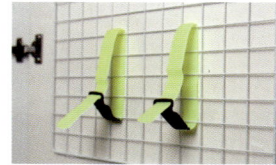 

하부장 선반을 추가할 때 크기 정하는 노하우

선반을 추가하면 선반 사이 간격이 좁아져 자투리 공간이 줄어든다. 그러나 하부장에 선반을 추가하면 위치가 낮고 깊어서 안쪽 물건이 잘 보이지 않고 꺼내기도 불편하다. 이럴 때는 추가하는 선반 깊이를 기존 것보다 짧게 제작하면 안쪽 물건까지 편리하게 사용할 수 있다.

▲ 위쪽 선반 깊이가 아래쪽 선반보다 짧으면 아래 선반 안쪽 물건이 잘 보임

▲ 아래위 선반의 깊이가 달라 안쪽 물건도 쉽게 사용 가능

재활용품 아이디어와 가성비 살림 노하우 … 부엌

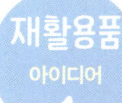

튼튼한 종이상자로 수납 가방 만들기

1. 튼튼한 종이상자 한쪽 옆면을 잘라낸다. 가방끈을 달기 위해 신용카드 또는 파일 표지 자투리를 함께 대고 구멍을 낸다.

2. 신용카드가 있어, 상자에 담는 물건 무게에 의해 상자가 찢어지지 않는다.

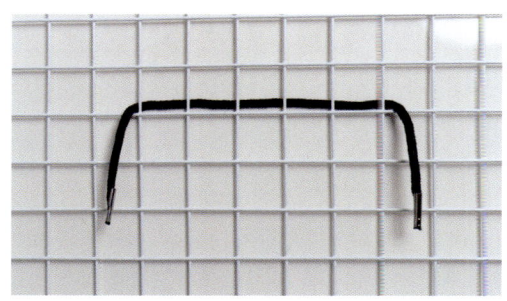

3. 쇼핑백에서 빼낸 끈을 사진처럼 네트망에 끼워 위치를 잡는다.

4. 끈을 상자 구멍 안쪽에 넣어 매듭지어 묶어 준다. 상자 안에 쿠킹 포일, 비닐 랩 등을 수납한다.

 어떤 물건을 부엌 수납 도구로 사용하면 좋을까?

싱크대용 행거, 철망일자 후크, 벨크로 원터치 고무밴드, 화이트스텐 수건걸이, 싱크인 선반, 스페이스 선반, 싱크인 스페이스 선반, 저안트레이

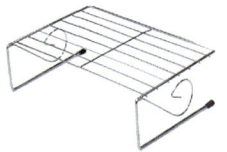

재활용품 아이디어 2
종이심으로 칼집 만들기

1. 키친타월 종이심과 문구용 집게를 준비한다.

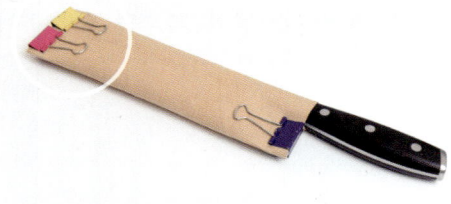

2. 종이심을 납작하게 누른 후, 한쪽 끝을 문구용 집게 2개로 집어 준다. 종이심 안에 칼을 밀어 넣고 손잡이 쪽도 집게로 집어 준 뒤, 집게를 길게 펼쳐 단단하게 고정한다.

재활용품 아이디어 3
서랍장용 수납 칸막이 만들기

1. 사각형 플라스틱 우유통의 밑부분을 자른 뒤, 작은 집게로 서로 연결하여 고정한다.

2. 서랍장 길이에 맞춰 칸막이를 넣은 뒤, 작은 포장 식품들을 세워서 수납한다.

재활용품 아이디어 4

페트병으로 수납 도구 만들기

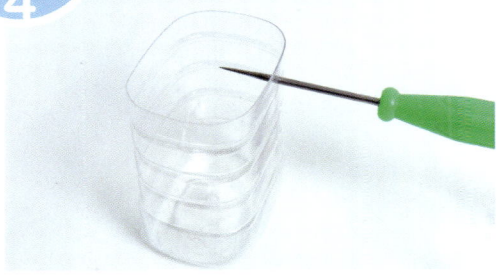

1. 페트병을 네트망에 고정할 수 있도록 송곳으로 구멍을 2개 뚫어 준다.

2. 페트병을 케이블 타이로 묶어 네트망에 고정한다.

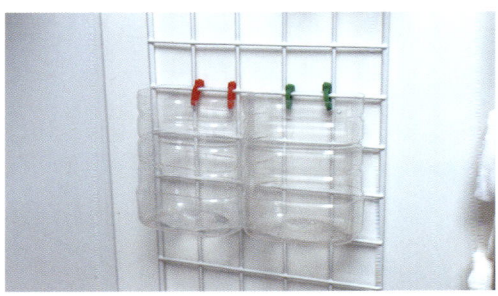

3. 다른 페트병도 같은 방법으로 네트망에 부착해 준다.

4. 키가 작은 밀봉 도구가 긴 밀봉 도구에 가려져 잘 보이지 않아, 치약 상자를 잘라 이면지를 붙여서 페트병의 수납 칸막이로 넣었다.

TIP 페트병의 높이에 따라 조리도구, 나무젓가락, 빨대 등을 다양하게 수납할 수 있다.

가성비 살림 노하우 1

서류꽂이 2개로 긴 바구니 만들기

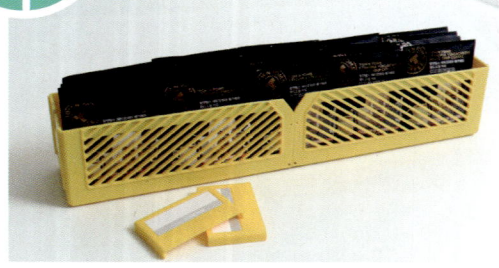

1. 서류꽂이 2개의 아랫부분을 잘라서 이름표를 빼고 연결하면 하나의 긴 바구니가 된다.

2. 만든 긴 바구니를 네트망에 케이블 타이로 고정한다.

3. 우유팩 윗부분을 오려 낸다. 반으로 잘라 겹쳐 연결해 작은 수납 칸막이를 만든다.

4. 작은 수납 칸막이에 건강보조식품, 커피, 차 등을 종류끼리 모아 긴 바구니에 수납한다.

5. 문 안쪽에 긴 바구니를 달아도 선반과 문 사이에 공간이 있어서 문을 여닫는 데 지장이 없다.

가성비 살림 노하우 2

과일 포장 완충재를 활용하여 그릇 정리하기

그릇을 포개어 보관하면 서로 부딪히며 미세한 흠집이 생기는데, 과일 포장에 사용하는 포장 완충재를 그릇과 그릇 사이에 끼워 넣으면 그릇을 보호할 수 있다. 포장 완충재의 중간중간을 가위로 잘라 주면 평평하게 펴져, 납작한 접시에도 사용할 수 있다. 같은 방법으로 프라이팬 바닥면 코팅이 긁히는 것도 예방할 수 있다.

가성비 살림 노하우 3

슬라이딩장을 변경하여 조리도구 수납하기

1. 양념병 수납을 위한 싱크대 슬라이딩장인데, 폭이 좁아 활용도가 낮다.

2. 기존 바구니를 빼내고, 슬라이딩장 크기에 맞는 네트망을 케이블 타이로 고정했다.

3. 네트망 전용 일자훅을 조리도구 위치에 맞춰 걸어 준다.

4. 국자, 거품기, 뒤집개 등을 일자훅에 걸어 준다. 슬라이딩장 가장 아랫부분 바구니 하나는 그대로 두어 조리도구를 수납했다.

TIP 수납공간을 만들어 네트망에 고정하는 방법도 좋다.

가성비 살림 노하우 4
서류꽂이로 프라이팬 정리대 만들기

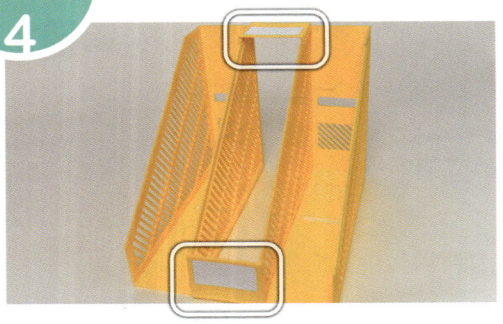 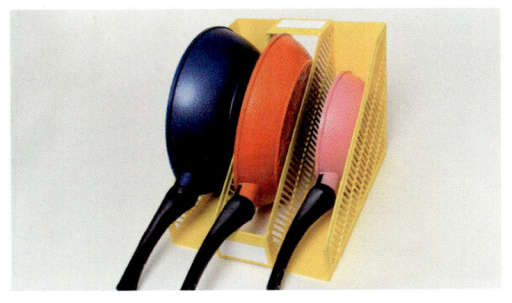

1. 사용하지 않는 서류꽂이 2개에서 앞판의 이름표 부분을 떼어 낸다. 2개의 서류꽂이 사이를 위와 아랫부분을 떼어 낸 이름표를 끼워 연결한다.

2. 연결한 서류꽂이 공간 각각에 프라이팬을 수납한다. 서류꽂이는 2개지만 이름표 부분을 활용하여 수납공간 3개를 만들었다.

TIP 서류꽂이 바닥에 종이를 깔아 두면 프라이팬의 기름때 청소가 쉽다.

가성비 살림 노하우 5
포개진 그릇 쉽게 분리하는 방법

포개진 그릇이 서로 꽉 끼여 빠지지 않는 경우가 있다. 아무리 힘을 줘도 빠지지 않을 때는 큰 그릇에 따뜻한 물을 붓고 포개진 그릇들을 넣는다. 그리고 포개진 안쪽 그릇에 찬물을 붓고 5분 정도 기다리면 따뜻한 물과 찬물의 팽창과 수축으로 인해 그릇이 쉽게 분리된다. 힘으로 무리하게 빼거나 너무 뜨거운 물을 사용하면 급격한 온도 변화로 그릇에 실금이 생기거나 깨질 수 있으니 주의해야 한다.

가성비 살림 노하우 6
열리지 않는 병뚜껑 쉽게 여는 방법

병뚜껑이 열리지 않으면, 흔히 고무장갑을 끼고 뚜껑을 여는데, 이 방법은 자칫 손목에 무리를 줄 수 있다. 이런 경우 숟가락이나 나무망치로 뚜껑 윗부분이나 옆면을 돌아가며 여러 차례 두들겨 주면, 밀폐된 병 안에 공기가 빠지면서 공기압이 느슨해져 쉽게 열린다. 꿀이나 딸기잼 병처럼 뚜껑에 묻은 당분이 굳어져서 안 열린다면, 따뜻한 물을 담은 그릇에 뚜껑을 아래로 향하게 하여 2~3분 담가 보자. 굳었던 당분이 녹으며 뚜껑이 쉽게 열린다.

가성비 살림 노하우 7

상추로 김치통 냄새 제거하기

김치통은 김치 냄새가 배어 있어서 다른 물건을 담는 통으로 활용하기 어렵다. 이럴 때는 김치통에 상추를 하루 정도 넣어 두면 냄새가 사라진다. 푸른 잎채소의 엽록소가 유해 물질을 흡착하여 냄새를 제거하기 때문인데, 푸른 잎채소를 잘게 잘라 넣어야 엽록소가 더 많이 나와 김치통 냄새가 잘 제거된다. 일정 시간 후, 거꾸로 뒤집어 주면 김치통 뚜껑에 밴 냄새도 없앨 수 있다. 일광소독까지 하면 더욱 효과적이다.

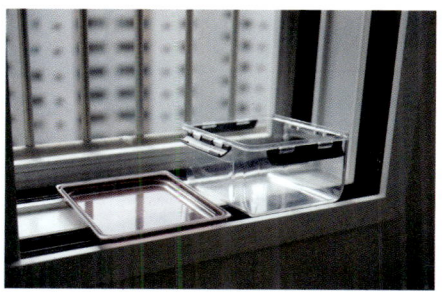

가성비 살림 노하우 8

무뎌진 칼과 가윗날 가는 방법

무뎌진 칼이나 가위로는 재료가 잘 잘리지 않는다. 숫돌이 없거나 숫돌로 갈 자신이 없다면 항아리나 뚝배기를 이용해 보자. 항아리나 뚝배기 바닥의 거친 면에 가윗날이나 칼날을 약간 기울여 댄 뒤, 밀거나 당길 때 한쪽 방향으로만 힘을 주고 문질러야 제대로 갈린다. 밀 때 당길 때 모두 힘을 주면 오히려 칼날이 손상된다. 칼날을 갈고 난 뒤 식초를 바르면 살균도 되고 칼날에서 나는 쇳가루 냄새도 줄어든다. 가윗날은 반드시 접었을 때 보이는 바깥쪽 면만 갈아야 한다. 아래 사진처럼 유리병 입구 쪽을 이용해도 뚝배기와 같은 방법으로 날을 갈 수 있다.

미리 살펴보는 냉장고 정리 노하우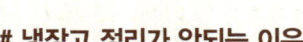

 # 냉장고 정리가 안되는 이유
- 냉장고 속 음식 재고를 파악하지 않고 계획 없이 사서 넣어 둔다.
- 신선도와 상관없이 제철 음식이라는 명분으로 이것저것 사들인다.
- 상하기 직전의 식재료나 반찬 등을 먹지도 않으면서 버리지 못한다.

냉장고 정리가 안되는 이유는 냉장고 용량보다 보관하는 음식과 재료의 양이 더 많기 때문이다. 대부분의 가정에서 대용량의 일반 냉장고와 김치냉장고를 같이 사용하는데 가족 수에 비해 많은 음식이 냉장고마다 가득 들어 있어 더 어수선해 보인다.

냉장고 정리 노하우 3단계

1단계 · · · · · · **2단계** · · · · · · **3단계**

냉장고 속 재고를 / 냉장고 정리 법칙으로 / 냉장고 지도 그려서
파악하고 버리기 / 정리하기 / 재고 관리하기

 냉장고 속 재고를 파악하고 버리기

냉장고 정리를 위해 가장 먼저 할 일은 냉장고에 들어 있는 식품들의 재고 조사다. 먼저 냉장고 안 물건을 모두 꺼낸 뒤, 소비기한별, 상한 것과 아직 먹을 수 있는 것, 종류별로 나누어 버릴 것과 먹을 것을 구분한다. 먹을 수 있는 것은 식품 목록으로 작성하여 냉장고에 붙여 두면, 식품을 중복으로 구매할 일도 없고 버리는 식품도 줄어 가계 부담을 덜 수 있다. 냉장고에 보관한 식품은 날짜가 지날수록 신선도와 식감이 떨어지므로 재고 파악이 매우 중요하다.

▲ 버리지 못한 식품이 넘쳐 원하는 식재료를 찾을 수 없음

▲ 식재료를 소비기한으로 분류 왼쪽이 소비기한이 지난 것인데 섭취할 수 있는 것보다 더 많음

TIP 냉장고 재고 조사를 처음 하는 초보자가 한 번에 너무 많은 식품을 꺼내 정리하면, 우왕좌왕하느라 시간이 오래 걸리게 된다. 냉동실 식품은 밖에 꺼내 놓으면 상할 수 있으므로, 한 번에 선반 하나씩만 꺼내 분류하면 정리도 수월하고 신선도도 지킬 수 있다.

2단계 냉장고 정리 법칙으로 정리하기

집에 냉장고가 한 대 이상 있다면, 반드시 지켜야 할 '냉장고 정리 법칙'이 7가지 있다. 이 법칙만 잘 지켜도 활용도 높고 깨끗한 냉장고를 만들 수 있다.

❶ 먹을 만큼만 장보기
냉장고 재고 조사를 통해 먹을 만큼만 사면, 가계 부담도 덜고 항상 신선한 식품을 먹을 수 있다.

❷ 여유 공간 남겨 두기
냉장고에 여유 공간이 많을수록 냉기의 흐름이 좋아, 전력 소비도 줄고 식품을 더 신선하게 보관할 수 있다.

❸ 투명용기 사용하기
투명용기를 사용하면 용기 안 내용물을 쉽게 파악할 수 있다.

❹ 한눈에 보이도록 세로 수납하기
세로 수납을 하면 식재료를 한눈에 볼 수 있어, 빨리 찾고 꺼내기도 쉽다. 이를 통해 전력 소비도 줄일 수 있다.

❺ 구입 날짜, 개봉 날짜 적어 두기
제품 겉봉투에 있는 소비기한 날짜는 개봉 전 날짜이므로 꼭 개봉한 날짜를 적어 둔다.

❻ 한 번 먹을 만큼씩 나누어 냉동하기
한번 먹을 만큼만 소분하여 포장해 두면, 냉동과 해동 과정에서 생기는 미생물도 덜 생기고 요리를 했을 때 식감 손상도 적다.

❼ 냉장고 선반마다 용도별 수납하기
냉장고 선반마다 용도별로 분류해 수납하면, 찾기도 쉽고 제자리에 되돌려 두기도 쉽다.

❶ 먹을 만큼만 장보기

장을 보러 가기 전 냉장고에 무엇이 남아 있는지 어떤 식재료가 필요한지 파악해야 한다. 재고 목록이 있으면 중복구입을 피하고, 신선한 재료를 필요한 만큼만 사게 된다. 식재료를 살 때도 돈이 들지만, 버릴 때도 돈이 든다. 아무리 저렴해도 충동구매를 하지 말고 소비할 양만큼만 구매한다.

▲ 재고 파악을 못해 상한 채소가 많음

묶음 상품은 따져 보고 구입하기

마트에서 '1+1' 행사용 묶음 상품이나 마감 시간에 땡처리하는 음식을 싸다고 생각하여 사는 경우가 많다. 싸다고 많은 양의 물건을 사서 제때 다 먹지 못하고 남으면 결국 신선도가 떨어진다. 다시 말해, 건강을 생각한다면 절대 싼 것이 아니다. 다 먹지 못해 음식물 쓰레기로 버리려면 구매 비용과 더불어 음식물 처리 비용까지 지불하게 되니 이중 소비를 하는 셈이다. 아무리 묶음 상품이나 땡처리 음식이 유혹하더라도 필요한 만큼만 구매하는 지혜가 필요하다.

❷ 여유 공간 남겨 두기

냉장고는 싱크대와 같은 수납장이 아니다. 그래서 냉장고에 많은 식품으로 꽉꽉 채우면 냉기가 순환되지 않아 식품의 신선도가 떨어지고, 전기도 더 많이 소모한다. 냉장고 전체 면적의 60~70% 이하로 채워야 냉기 순환이 원활하다. 여유 공간이 있는 냉장고는 꽉 채워진 냉장고보다 효율적으로 공간을 사용할 수 있어, 조리 시간이 단축되고 버리는 식품도 줄일 수 있다.

◀ 냉장고 공간의 60~70% 이하로 채워야 냉기 순환이 잘됨

냉장고 최적 온도와 낮은 온도순 위치 알아 두기

냉장고 각 칸은 냉각기와의 거리에 따라 온도가 조금씩 다르다. 각 칸의 온도에 따라 음식물을 적절히 배치, 보관하면 신선함을 더 오래 유지한다.

냉장고 최적 온도
- 냉장실 2~5℃ 이하
- 냉동실 -18~-20℃

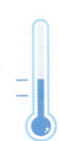
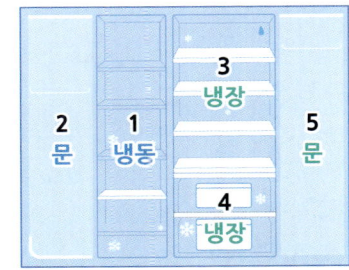

❸ 투명용기 사용하기

냉장고는 '식재료 블랙홀'이라는 별명이 있다. 식재료를 구매할 때 담아 온 검정 봉지 그대로 냉장고에 넣어 놓고 그 안에 무엇이 있는지 까맣게 잊고 있다가 버리기 일쑤이기 때문이다. 반찬을 도자기 그릇에 담아 두면 보기에야 좋지만 어떤 반찬이 들어 있는지 몰라서 일일이 뚜껑을 열고 확인해야 한다. 귀찮아도 비닐봉지에 담아 온 식재료는 꼭 투명용기에 보관하자. 조리된 반찬도 투명용기에 보관하면 반찬 종류와 남은 양을 쉽게 확인할 수 있어 관리가 편하다.

▲ 식재료를 투명용기에 담고 이름표를 붙여 두면 찾기 쉬움

▲ 음식도 투명용기에 담고 이름표를 붙여 둠

❹ 한눈에 보이도록 세로 수납하기

식재료 보관도 세로 수납을 하면 한눈에 찾기도 쉽고 꺼내기도 수월하다. 가로 수납을 하면 식재료를 찾으려 뒤적거리느라 문을 오래 열어 두어, 냉장고 안 온도 변화로 신선도가 떨어지고 전력 소모도 커진다.

▲ 페트병 뚜껑을 활용하면 과일과 채소를 밀봉하여 세로 수납 가능

▲ 사각 우유통이나 쇼핑백을 수납 칸막이로 재활용하면, 채소를 세로 수납 가능

채소는 자랄 때 방향으로 수납

채소는 밭에서 자랄 때의 방향대로 보관해야 신선도를 잘 유지할 수 있다. 자랄 때와 다른 방향으로 보관하면 달라진 환경에 적응하느라 채소의 에너지 소비가 많아져 노화가 빨리 진행된다.

❺ 구입 날짜, 개봉 날짜 적어 두기

남은 냉동식품이나 두부, 콩나물, 채소, 햄 등은 구입 날짜와 개봉한 날짜를 적어 두어야 한다. 특히, 가공식품은 포장에 적힌 소비기한 날짜가 지나면 폐기해야 하는 것으로 알고 있는 경우가 많다. 가공식품은 일단 개봉하고 나면 개봉 날짜와 보관 상태가 더 중요하다. 구입 날짜와 개봉 날짜를 적어 두면, 사용할 때 먹을 수 있는지 버려야 하는지를 쉽게 판단해서 효율적으로 관리된다. 밀봉 상태에 따라 소비기한이 달라진다는 것을 꼭 기억해야 한다.

◀ 개봉 후 보관 상태에 따라 소비기한이 달라지니 구입 날짜 또는 개봉 날짜를 적어 두면 좋음

❻ 한 번 먹을 만큼씩 나누어 냉동하기

냉동실에 보관할 식품은 한 번 먹을 만큼씩 나누어 포장한다. 소분하여 얇고 평평하게 펴서 냉동하면 냉동과 해동 시간이 단축된다. 공처럼 덩어리로 냉동하면 공간도 많이 차지하고, 냉동과 해동 과정에서 식품의 겉과 속 온도 차이로 미생물이 급증하여 쉽게 부패될 수 있다.

▲ 덩어리째 얼리는 것보다 납작하게 냉동하면 냉동과 해동, 조리에 편리

▲ 칸막이가 없는 바구니에 세로 수납을 할 때 북 스탠드 또는 미끄럼방지 고무시트를 깔아 두면 납작 용기가 쓰러지는 것을 방지

❼ 냉장고 선반마다 용도별 수납하기

냉장고 각 선반은 용도별로 구역을 나눠 수납하는 것이 좋다. 냉동실에는 육류와 생선, 건어물, 저장 식품 등으로, 냉장실에는 과일과 채소, 반찬 등으로 분류하여 지정석을 만들어 준다. 선반마다 용도별로 수납하면 정돈도 편리하고, 그 칸에서 원하는 식품을 바로 찾을 수 있어 물건을 찾느라 시간을 허비하지 않게 된다. 그만큼 냉기가 빠져나가는 시간도 단축된다.

▲ 칸마다 용도별로 수납하면 식료품을 찾는 시간이 크게 단축됨

3단계 　**냉장고 지도 그려서 재고 관리하기**

냉장고의 다이어트와 정리정돈까지 끝냈다면 냉장고 역시 요요현상이 일어나지 않도록 관리하는 것이 중요하다. 이를 위해서 냉장고에 어떤 재료가 남아 있는지 재고 파악이 제대로 되어야 한다. 냉장고 재고 파악을 위해 '냉장고 지도'를 만들어 보자. 냉장고 지도는 냉장고 구조를 그림으로 그리고, 냉장고 안에 들어 있는 식재료를 작은 포스트잇에 적어서 붙여 주면 된다. 사용한 식재료는 포스트잇을 바로 떼고, 새로 산 식재료는 이름과 함께 구매 날짜나 개봉 날짜를 포스트잇에 적어 붙인다.

▲ 냉장고 지도를 만들어 코팅하거나 투명 파일에 끼움

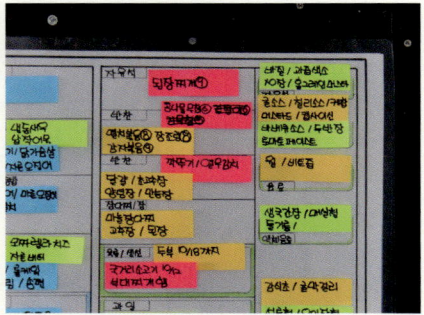

▲ 식재료를 적은 포스트잇을 여러 차례 붙였다 뗐다 해도 오래 사용 가능

냉장고는 한 달에 한 번 전원을 끄고 청소하세요

냉장고는 장기간 보관된 음식이나 식재료로 인해 식중독균이 많이 발생하는 곳이다. 냉장고의 관리 소홀, 식재료의 잘못된 보관 등으로 인하여 세균의 온상이 될 수 있으니 한 달에 한 번 정도 청소하는 것이 좋다. 냉장고 전원을 끈 상태로 식초를 물에 희석하여 행주로 닦기만 해도 위생관리에 도움이 된다. 식품을 모두 꺼내서 한번에 청소하기가 부담스럽다면, 선반을 한 개씩 청소하면 된다.

세균 없는 냉장고 만들기

냉장고는 온도가 낮아 음식을 오래 보관할 수 있고, 세균도 살지 못한다고 생각한다. 그런데 냉장고는 하루에도 몇 번씩 문을 열고 닫기 때문에 사람 손에, 음식물 얼룩이나 이물질 등에 의해 오히려 세균 번식이 쉬운 곳이다. 냉장고를 세균의 온상으로 만들지 않으려면, 냉장실은 2℃ 이하, 냉동실은 영하 20℃ 이하로 유지하면서 한 달에 한 번 정도는 청소해야 한다.

❶ 먼저 냉장고 전원을 끈다. 이때 냉장고에 있던 식품들은 반드시 아이스박스에 옮겨 보관한다.

❷ 서랍과 선반을 빼낸 뒤, 식초와 물을 1:1의 비율로 섞은 식초수를 뿌려 내부에 음식물 얼룩을 불린 후 구석구석 닦아 준다.

❸ 서랍과 선반은 구연산(식초)과 베이킹소다를 섞은 물로 닦아 준다.

❹ 혹시라도 남아 있는 세균을 없애기 위해 식초수를 한 번 더 뿌려 닦아 준다. 그리고 마른행주로 물기를 제거해 준다.

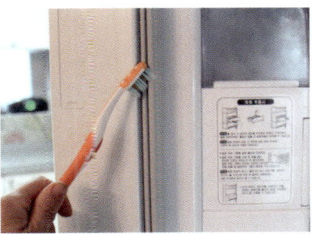

❺ 냉장고 문 고무 패킹의 때는 칫솔로 여러 번 살살 문질러 제거한다.

TIP 때가 지워지지 않는다고 세게 문지르면 고무 패킹이 손상될 수 있으므로 주의한다.

❻ 선반과 서랍은 햇볕에 말려 일광 소독을 해 주면 더 확실히 살균된다.

Before #냉장고

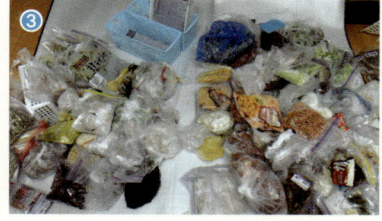

냉장고의 수납, 정리정돈을 요청했던 사례자이다. 냉장고를 열기 전, "나름대로 정리를 한다고 했는데 냉장고가 꽉 차 있어서 감당이 안 돼요."라고 말했다. 냉장고를 정리하겠다는 의지는 있지만, 공간 채우기만 하다 보니 금세 엉망이 되어서 버려지는 음식이 많았고, 같은 재료를 재구매하는 경우도 많았다.

Problem

❶ 정리정돈을 하려 노력했지만 수납이 제대로 되지 않아 중구난방이다.
❷ 정리정돈을 위해 바구니도 사용했지만 잘못된 선택과 관리 부족으로 무용지물이었다.
❸ 소비기한은 남았지만 보관 상태가 안 좋은 것은 모두 버리기로 했다.

After #냉장고

복잡한 냉장고를 수납정리하기 위해, 먼저 일주일 정도 장을 보지 않고 냉장고에 있던 식재료들을 모두 꺼냈다. 해동되면 금방 상할 재료는 정리하는 동안 아이스박스에 넣어 보관했고, 보관 상태가 좋지 않거나 소비기한이 얼마 남지 않은 식품은 모두 버렸다. 종류별로 분류한 뒤, 수납 도구를 활용하여 냉장고를 정리했다. 냉장고의 70% 이하로만 채워 냉기 순환이 잘 되도록 했다.

Solution

❶ 냉동실 문에도 식재료들을 작게 나눠 작은 용기에 담아 수납했다.
❷ 냉동식품은 밀봉 도구를 사용하여 세로 수납했더니 찾기가 쉬워졌다.
❸ 칸마다 종류별로 반찬과 식재료를 수납했다.

수납의 기본 원칙으로 냉장고 정리하기

> **연상 수납**
> 냉동식품, 냉장식품 등을 연상하여 수납한다.
>
> **끼리끼리 수납**
> 육류나 해물끼리, 건어물끼리, 마른 식품끼리 분류하여 수납한다.
>
> **칸막이 수납**
> 식품이 뒤섞이거나 짓무르지 않도록 수납 칸막이를 사용한다.
>
> **세로 수납**
> 납작하게 포장한 식재료도 세로 수납하여 한눈에 찾기 편하게 한다.
>
> **서랍식 수납**
> 긴 바구니를 서랍식으로 사용하여 안쪽까지 알뜰하게 수납한다.
>
> **이름표 붙이기**
> 남은 식재료를 제자리에 되돌려 두기 쉽도록 바구니마다 이름표를 붙인다.

냉장고에 식재료나 음식이 어디에 있는지 모르면, 한참을 뒤적이고 찾아 헤매게 된다. 그러면 에너지 손실은 물론 온도 변화 때문에 식료품이 변질될 수 있고 식사 준비 시간도 그만큼 길어진다. 무엇이 어디에 있는지 한눈에 바로 알고, 쉽게 꺼내 사용할 수 있도록 하는 것이 냉장고 수납의 기본 원칙이다.

1. 연상 수납 & 끼리끼리 수납

냉동실 문 쪽에는 자주 꺼내 먹는 마른 식품들을 연상 수납했다. 냉동실 문은 온도 변화가 크기 때문에, 온도에 크게 민감하지 않은 마른 식품 위주로 수납한다. 선반마다 견과류, 손질한 말린 표고버섯, 다듬은 멸치끼리 분류하여 끼리끼리 수납하였다.

▲ 냉동실 문 쪽에는 온도 변화에 지장이 없는 마른 식품을 연상 수납

▲ 견과류는 견과류끼리, 표고버섯은 편으로 썬 것과 잘게 자른 것, 건새우와 다듬은 멸치를 종류별로 모아 수납하고 가드에 이름표를 붙임

2. 칸막이 수납 & 세로 수납

바구니로 수납 칸막이를 만들면, 채소가 서로 뒤섞이지 않고 꺼내기 편리하며 정돈 상태를 지속하기 좋다. 정리도 중요하지만 채소들이 물러지지 않게 수납하는 것도 중요하다. 세로 수납을 하면 한눈에 찾기도 쉬워서 버려지는 식품도 줄어든다.

칸막이를 너무 세분화하지 않기

채소는 크기가 다양하고 수시로 바꿔 보관하기 때문에, 냉장실 서랍 칸을 너무 세분화하면 오히려 불편할 수 있다. 수납 바구니는 칸막이 위치를 자유자재로 바꿀 수 있는 제품을 선택한다. 세로 수납을 하면 내용물을 쉽게 확인할 수 있어 꺼내기도 편하고 공간 활용에도 좋다.

▶ 바구니로 수납 칸막이를 만들어 채소를 세로 수납

3. 서랍식 수납 & 이름표 붙이기

바구니를 사용하여 서랍식으로 수납하면 바구니 뒤쪽에 있는 식품까지 쉽게 확인하여 꺼낼 수 있다. 또 소비기한이 임박한 식품을 빨리 발견할 수 있다. 서랍이나 바구니에 건어물, 육류, 데친 나물 등과 같이 종류별로 이름표를 붙여 두면 찾는 시간을 단축할 수 있고, 사용하고 남은 식재료를 원래의 지정석으로 갖다 놓을 수 있다. 냉장실에 반찬 전용 바구니를 따로 사용하면 반찬을 한번에 꺼낼 수 있다. 바구니에 어떤 종류의 식품이 들었는지 적어 두면 가족 누구나 쉽게 찾을 수 있다.

식재료비 절약과 냉장고 정리정돈까지 되는 '냉장고 파먹기'

'냉장고 파먹기'는 새로운 식재료를 사지 않고 냉장고에 남아 있는 것만으로 요리하여 먹는 일을 말한다. 냉장고 정리정돈에 앞서 7~10일 장을 보지 않고, 냉장고 속 재료만 활용해 음식을 만든다. 이때 인터넷이나 책에서 제공하는 레시피로 음식을 만들면 식재료를 사야 하는 경우가 생기므로, 가능한 냉장고 안의 재료 위주로 해결해야 냉장고 비우기 속도가 빨라진다. '냉장고 파먹기'로 식재료를 최소화한 후에 정리정돈과 청소를 하면 시간도 단축하고 음식의 변질 걱정도 없다. 음식 재료비도 절약한다.

▲ 서랍식 수납

▲ 납작 용기에 이름표 붙이기

두 배로 넓게 쓰는 냉장고 수납공간 활용 노하우

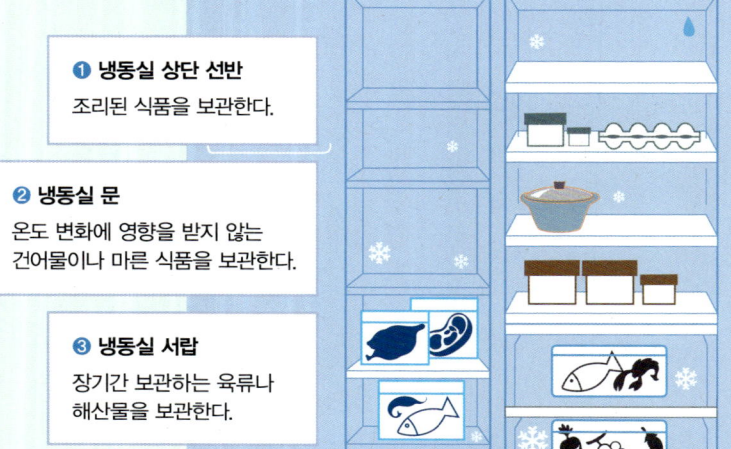

❶ 냉동실 상단 선반
조리된 식품을 보관한다.

❷ 냉동실 문
온도 변화에 영향을 받지 않는 건어물이나 마른 식품을 보관한다.

❸ 냉동실 서랍
장기간 보관하는 육류나 해산물을 보관한다.

❹ 냉장실 가장 위 선반
여유 공간으로 두고 자유롭게 활용한다.

❺ 냉장실 중간 선반
자주 꺼내 먹는 밑반찬이나 양념장 등을 넣어 둔다.

❻ 냉장실 아래 선반
고추장, 된장, 장아찌 같이 장기간 보관하는 식품을 넣어 둔다.

❼ 냉장실 서랍
채소와 과일을 칸을 나눈 뒤 수납 바구니를 이용하여 세로 수납한다.

❽ 냉장실 문
온도 변화가 심한 곳으로 자주 사용하는 식품을 수납한다.

1. 냉동실 상단 선반 수납하기

냉동실 상단에는 조리된 식품을 보관한다. 이때 식재료를 얼리면 보관 기간이 길어진다고 생각하는데, 냉동실에도 세균이 있어서 오염될 수 있으니 3~4주 이내에 먹거나 처리해야 한다.

❶ 냉동실 칸칸이 수납하기

냉동실은 칸칸마다 바구니를 사용하여 수납할 수 있다. 냉동실 크기에 맞지 않는 바구니는 오히려 더 불편하게 되므로, 사러 가기 전에 반드시 냉동실 크기를 실측하는 것이 중요하다. 그리고 식품을 구분하여 구입한 바구니에 수납하고 이름표를 붙여 준다. 그래야 새로 구매한 식품과 사용하고 남은 식품을 제자리에 갖다 두기 쉬워진다.

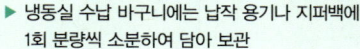

▶ 냉동실 수납 바구니에는 납작 용기나 지퍼백에 1회 분량씩 소분하여 담아 보관

냉동실 수납에서 꼭 지켜야 할 규칙 3가지

온도가 낮다는 이유로 만년 식품 저장고로 착각하는 냉동실. 다음 3가지는 냉동실 관리에 아무리 강조해도 지나치지 않은 규칙들이니, 이것만은 절대 잊지 말고 반드시 지키자.

❶ **식품의 수분 유지와 공기 차단을 위해, 철저하게 밀폐하여 보관한다.**
밀봉이 제대로 안 되면 식품의 조직 변화로 식감과 풍미가 떨어지고, 부패 속도가 빨라진다.

❷ **1회 분량씩 나누어 표면적이 넓고 얇게 포장하여 보관한다.**
빠르게 냉동이 이루어져야 미생물 번식도 줄고, 육즙 손실을 줄인다.

❸ **식품의 구입 날짜나 포장 겉면에 있는 소비기한보다 개봉한 날짜를 기록한다.**
소비기한 날짜 기준은 미개봉 상태의 기준이다. 개봉한 후에는 식품 보관 상태에 따라 소비기한이 달라진다.

❷ 납작 용기로 칸칸이 수납하기

식품을 얇게 편 뒤 납작 용기에 넣어 냉동하면 편리하다. 납작 용기는 고기를 얇게 펴서 얼리는 것은 물론, 간고등어 1/4토막씩, 데친 채소 1회 분량, 먹다 남은 롤케이크까지 한 조각씩 넣을 수 있어 다양하게 활용된다. 납작 용기를 세로 수납하면, 공간 활용에도 좋고 꺼내 쓰기도 편리하다.

▲ 납작 용기에 칸칸이 수납하여 이름표 붙이기

TIP 빵과 떡을 냉장 보관하면 원래의 생전분으로 다시 돌아가려는 성질 때문에 딱딱해지지만, 바로 냉동하면 전분이 노화를 멈추기 때문에 해동한 뒤 다시 촉촉한 상태가 된다.

바구니의 선택에 따른 공간 활용

냉장고를 정리정돈하기 위해서는 냉장고 깊이와 비슷한 길이의 바구니를 선택해야 자투리 공간을 최소화할 수 있다.

▲ 냉장고 깊이와 차이 나는 잘못된 바구니를 선택하여 선반 앞부분에 공간이 남음

▲ 꼼꼼하게 측정하여 비슷한 길이의 바구니를 선택하여 공간 활용이 잘됨

TIP 일반적인 냉장고 선반은, 46cm 바구니를 사용하면 자투리 공간을 최소화할 수 있다. 바구니 재질이 약하면 수납한 물건의 무게를 이기지 못해, 꺼낼 때 불편할 수 있다. 또 바구니의 이동이 쉽게 바퀴가 있는 것을 선택하면 편리하다.

• 수납 도구 제품명 – 센스 다용도 저안트레이

2. 냉동실 문 수납하기

냉동실 문은 여닫을 때마다 온도 변화가 생긴다. 그래서 온도 변화에 크게 영향을 받지 않는 건어물, 견과류, 가루 식품 등을 보관하는 것이 좋다. 건어물이나 가루 식품을 보관할 때, 냉동실 문에 맞는 작은 용기에 소분하여 수납하면 활용도도 좋고 깔끔하다.

▲ 냉동실 문 크기에 맞춰 주문 제작한 아크릴판을 끼워 주면 밀폐 용기가 떨어지지 않음

▲ 생수 페트병 중간 부분을 길게 잘라낸 후, 작은 용기에 소분한 청국장을 보관

▲ 냉동실 문에서 떨어지지 않도록 다양한 방법으로 수납

선반 추가하여 자투리 공간 활용하기

냉장고도 싱크대처럼 자투리 공간에 선반을 추가할 수 있다. 냉장고 선반을 걸치는 턱에 여유가 있다면 크기가 맞는 쟁반을 끼워 새로운 수납공간을 만들 수 있다. 이렇게 추가된 공간은 고기, 삶은 나물 등을 평평하게 만들어 냉동 보관할 때 유용하다. 이때 스테인리스, 알루미늄 쟁반을 사용하면 냉기 전도율이 높아서 급속 냉동에 도움이 된다.

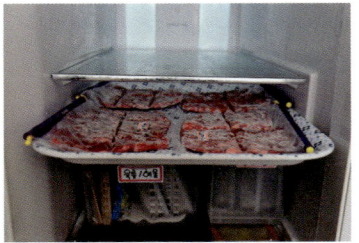

3. 냉동실 하단 서랍 수납하기

냉동실 서랍에는 낮은 온도에 보관해야 하는 육류나 어패류 등을 수납한다. 장기간 보관하는 데친 나물이나 냉동 과일 수납에도 좋다. 납작 용기에 소분하여 이름표를 붙여 보관하고, 냉동 과일, 냉동 간편식 등은 포장된 그대로 밀봉 도구로 밀봉한 뒤 세로 수납하면 내용물을 쉽게 확인할 수 있다.

▲ 납작 용기에 담아 세로 수납하여 냉동 보관

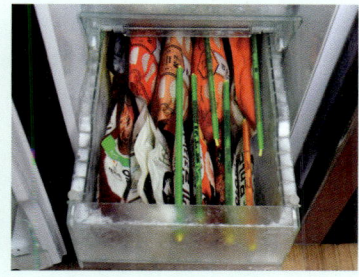
▲ 냉동식품은 포장 상태 그대로 밀봉도구로 밀봉하여 납작하게 세로 수납

냉동과 해동 시 주의할 점

- 1회 사용 분량으로 나누어 얇게 펴 포장하면, 급속 냉동되어 식품의 신선도 유지에 효과적이다.
- 고유의 식감, 풍미 등이 변할 수 있으니 철저히 밀폐한다.
- 냉동식품은 냉장실에서 천천히 해동하거나 전자레인지를 이용하여 빠르게 해동해야 미생물의 번식을 막을 수 있다.
- 한 번 해동한 식품은 수분이 빠져나가 조직감이 떨어지기도 하지만, 미생물이 빠르게 증가하여 식중독의 위험이 생기므로 절대 재냉동하지 않도록 한다.

4. 냉장실 가장 위 선반 수납하기

냉장고 맨 위 칸은 손이 쉽게 닿지 않기 때문에 사용 빈도가 떨어지는 곳이다. 먹고 남은 국을 냄비째 보관하거나, 바로 손질하지 못한 채소를 넣어 두면 좋다. 이곳은 꽉 채우지 말고 여유 공간을 남겨 두어야 냉기 순환이 원활하다.

▲ ▶ 냉장실 가장 위 칸은 꽉 채우지 말고 여유 공간을 둠

선반마다 용도별로 지정석 만들기

냉장고 내부는 가족이 사용하기 편리하고 정리정돈 상태를 유지하기 쉬운 구조로 만들어야 한다. 그러기 위해서 사용 빈도에 따라 선반마다 음식을 종류별로 분류하고, 손이 닿기 좋은 곳에 지정석을 만들어 준다. 지정된 곳에 음식이나 식재료를 두는 습관이 들면 재료를 찾느라 냉장고 문을 열어 두는 시간이 줄어든다.

5. 냉장실 중간 선반 수납하기

냉장실의 두 번째와 세 번째 선반은 눈에 잘 보이고 손이 가장 편하게 닿을 수 있는 위치이다. 그래서 자주 꺼내 먹는 밑반찬과 양념장 종류를 보관하면 된다. 투명용기를 사용하면 무슨 반찬이 들어 있는지 뚜껑을 일일이 열어 보지 않고도 바로 알 수 있어, 식사 준비 시간을 단축할 수 있다.

 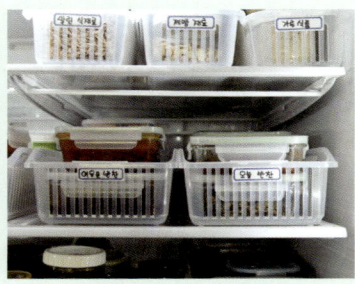

▲ 모양과 크기를 통일한 반찬 용기를 작은 크기로 여러 개 사용하면 공간을 효율적으로 이용 가능

▲ 먼저 먹을 반찬과 나중에 먹을 여유분 반찬은 바구니로 구분하면 편함

6. 냉장실 가장 아래 선반 수납하기

가장 아래 선반에는 고추장, 된장, 장아찌 등 장기간 보관하는 식품을 두면 좋다. 장아찌 종류는 보통 무거운 유리병에 보관하기 때문에 낮은 곳에 수납해야 꺼낼 때 손목에 무리가 덜 가고 안전하다.

반찬은 작은 용기에 나누어 담기

냉장실에 보관하는 반찬은, 작은 용기에 조금씩 나누어 먼저 먹을 반찬은 앞쪽에, 나중에 먹을 반찬은 뒤쪽에 수납한다. 앞쪽 반찬을 다 먹고 뒤쪽에 보관한 것을 꺼내면, 맛도 유지되고 변질되는 속도도 늦춘다. 소분한 용기에서 먹을 만큼만 접시에 담아 식탁에 올린다.

▲ 장아찌, 과일청 등이 보관된 유리병에도 만든 날짜와 이름표를 붙임

7. 냉장실 서랍 수납하기

냉장실 서랍은 선반보다 일정한 온도를 유지하므로 주로 채소와 과일을 수납한다. 채소를 보관할 때, 칸을 나누고 세로로 보관하면, 서로 짓눌리지도 않고 한눈에 찾기도 쉬워서, 버려지는 식품이 줄어든다. 수납을 위한 플라스틱 바구니가 마음에 들지 않으면, 쇼핑백이나 우유통으로 수납 바구니를 직접 만들면 사용하다 지저분해졌을 때 쉽게 버릴 수 있어 위생에 좋다.

양념장만 모아서 바구니에 서랍식 수납하기

만능 양념장, 쌈장, 양념간장, 초고추장처럼 요리에 자주 사용하는 장류는 별도의 용기에 조금씩 나누어 보관하면 편리하다. 양념장만 모아서 바구니에 담아 서랍식 수납을 하면 찾기 쉽다.

▲ 과일과 채소를 제대로 밀봉하지 않은 채 서로 뒤엉켜 있으면 쉽게 짓무름

▲ 수납 칸막이를 사용하여 세로 수납

8. 냉장실 문 수납하기

냉장실의 문은 온도 변화가 심한 곳이다. 그래서 온도에 민감하지 않거나 금방 먹을 식품, 자주 이용하는 유제품 등을 수납해 두는 것이 좋다. 문 위쪽 칸에는 칠리소스, 굴소스, 두반장 등 각종 소스류만 모아 두는데, 자주 사용하는 소스는 앞쪽에, 가끔 사용하는 소스는 뒤쪽에 보관하면 사용하기 편리하다.

▲ 과일청 담는 병을 통일하면 공간 활용에 좋음

▲ 냉장고 문에는 자주 먹는 유제품이나 소스 등을 보관

냉장고 문 가드 수납공간 변경하기

냉장실 문 맨 위쪽 가드는 눈높이보다 높기도 하지만, 불투명한 뚜껑으로 덮여 내부가 잘 보이지 않아 불편하다. 또 높이가 있는 물건은 뚜껑에 걸리기도 한다. 이럴 땐 과감히 뚜껑을 떼어내 보자. 물건을 쉽게 꺼낼 수 있고, 뚜껑에 걸려 넣지 못한 물건도 수납할 수 있다. 만약 선반의 턱이 낮아 불안하다면 바닥에 고무패드를 깔면 된다.

냉장고 문 틈새 공간 활용하기

딸기잼, 케첩 같은 일회용 소스는, 페트병을 잘라 구멍을 뚫은 뒤 고무 흡착기를 끼워 냉장고 문 벽에 고정해 보관하자. 눈에 잘 보여 공간을 제대로 활용할 수 있다.

미니 수납 포켓 활용하기

냉장고 미니 수납 포켓은 냉장고 문의 자투리 공간을 활용할 수 있는 수납 도구로, 선반의 안쪽, 바깥쪽 어디라도 걸쳐 사용할 수 있다. 조금 남은 케첩병 같은 튜브형 소스를 거꾸로 세워 두거나, 냉장실 선반에 세워 두기 곤란한 건강즙이나 소스 비닐백 등을 수납할 수 있다.

▲ 페트병을 활용한 수납

▲ 냉장고 미니 수납 프켓

구입한 채소는 반드시 밀폐 용기에 옮겨 담아 보관하기

대형마트에 진열된 채소는 채소의 수분으로 인해 포장 비닐 안에서 물러질 수 있기 때문에 구멍이 뚫려 있는 비닐에 포장한다. 그런데 채소를 구입한 뒤 그대로 냉장고에 보관하면 오히려 포장 비닐 구멍을 통해 수분이 빠져나가 노화가 더 빨리 진행될 수 있다. 채소를 오래 보관하려면, 밀폐 용기 바닥에 키친타월을 깔고, 채소가 밭에서 자란 방향으로 세워 두면, 수분도 유지되고 노화도 더디게 진행된다.

재활용품 아이디어와 가성비 살림 노하우 … 냉장고

재활용품 아이디어 1

쇼핑백으로 냉장고 수납 칸막이 만들기

1. 쇼핑백에서 필요한 높이를 정한다.

2. 정한 높이만큼 쇼핑백을 접은 뒤 다시 펴준다.

3. 쇼핑백 윗부분을 접은 선에 맞춰 안으로 접어 넣는다.

4. 쇼핑백 끈만 제거하면 수납 바구니가 완성된다.

 어떤 물건을 냉장고 수납 도구로 사용하면 좋을까?

밀봉도구, 센스 다용도 저안트레이, 스텐 납작이, 냉동실 납작 용기, 미끄럼 방지시트, 다용도 칸막이 정리함

소스 보관용 흡착 바구니 만들기

재활용품 아이디어 2

1. 페트병은 필요한 높이만큼 자르고, 고무 흡착기를 준비한다.

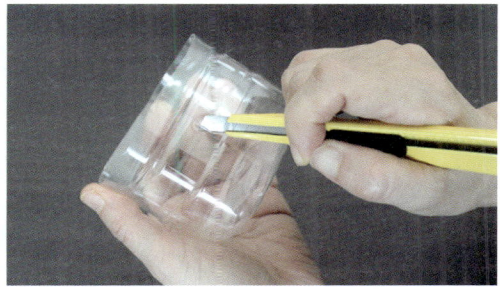

2. 페트병에 고무 흡착기를 꽂아 쉽게 빠지지 않을 만큼 구멍을 조금 작게 뚫어 준다.

3. 구멍에 고무 흡착기를 넣는다.

4. 고무 흡착기를 벽면에 고정한다.

TIP 달걀 껍데기에 남아 있는 흰자를 흡착기에 살짝 바르고 냉장고 문에 붙이면, 물보다 더 단단하게 고정된다.

재활용품 아이디어 3 — 떠먹는 요구르트 수납 용기 만들기

1. 1ℓ 플라스틱 우유통의 윗부분을 자르고, 옆부분을 사진처럼 U자 모양으로 도려낸다. 뾰족한 부분은 손을 다치지 않도록 둥글게 잘라 준다.

2. 담아 둔 요구르트는 U자 모양으로 잘라낸 곳을 통해 쉽게 꺼낼 수 있다.

TIP 같은 방법으로 참치 통조림, 소분 용기 등을 보관할 수 있는 수납 용기를 만든다. 물건이 쓰러지지도 않고 공간도 덜 차지한다.

재활용품 아이디어 4 — 우유통으로 가루 식품 수납함 만들기

1. 손잡이가 있는 1.8ℓ 우유통에 원하는 모양을 사인펜으로 그린다.

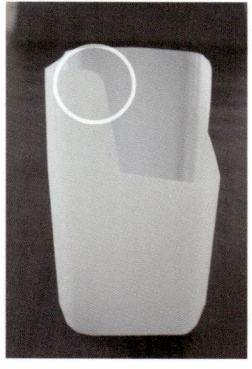

2. 그린 선을 따라 칼로 적당히 자른 다음, 가위로 모서리를 둥글게 다듬어 준다.

3. 냉동실 문에 가루 식품을 보관할 때 사용한다. 사각 생수통을 원하는 높이만큼 잘라 가루 식품을 넣어 준다.

4. 우유통 속에 생수통을 넣을 수 있다. 2단으로 포개지면서 방지턱이 생겨, 냉동실 문을 여닫을 때 흔들려도 떨어지지 않는다.

TIP 만든 수납함에 이름표 붙여 주는 걸 잊지 말자!

재활용품 아이디어 5

페트병 뚜껑으로 밀봉 도구 만들기

1. 피망을 담은 비닐봉지를 더 완벽하게 밀봉하기 위해 음료수 페트병의 뚜껑 윗면을 자른다.

2. 뚜껑이 닫히는 쪽분을 위로 향하게 해서 비닐봉지 입구를 모아 넣어 뺀다.

3. 비닐봉지를 분수 모양으로 벌려 편다.

4. 뚜껑을 닫으면 밀봉된다. 그냥 묶어 두는 것보다 밀봉 효과가 높아진다.

TIP 만약 속이 보이지 않는 비닐봉지라면 뚜껑에 채소 이름을 적어 둔다.

재활용품 아이디어 6

페트병 뚜껑으로 국수 계량기 만들기

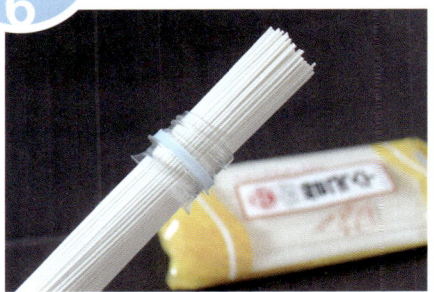

국수를 삶을 때, 1인분의 양을 제대로 측정하지 못해 많은 양을 삶아 버릴 때가 있다. 요리책을 보면 엄지손가락과 두 번째 손가락으로 잡은 양이 1인분이라고 하는데, 손 크기에 따라 다르므로 정확한 분량을 알기 어렵다. 이럴 땐 생수 페트병 뚜껑 입구에 들어가는 국수 양을 1인분으로 정하면 된다. 이렇게 정하면 매번 같은 양의 국수를 삶을 수 있다. 우유 페트병 뚜껑은 2인분 정도가 된다.

가성비 살림 노하우 1

식재료의 수분 유지와 공기 차단하기

냉장실과 냉동실에 식재료 보관 시, 수분 보존과 공기 차단을 철저히 하는 것이 매우 중요하다. 식재료의 건조와 산화를 막아 줘 식품 본연의 맛과 신선도도 지키고 보관 기간까지 늘릴 수 있다.

> **TIP** 식약청 인증기관의 실험 결과, 밀폐 용기에 식품을 보관하면 습도가 일정하게 유지되어 식품의 신선도가 최대 10배까지 더 오래 지속된다고 한다. 이때 밀폐 용기가 오래되어 고무 패킹이 낡으면 그만큼 밀폐력이 감소하므로, 오래된 것은 과감하게 교체하는 것이 좋다.

❶ 채소의 수분 유지하기

채소는 수분 때문에 쉽게 짓무르거나 시드는데, 키친타월로 감싸서 밀폐 용기에 보관하면 적정한 수분을 유지할 수 있어, 짓무르거나 시드는 것을 늦출 수 있다. 채소가 밭에서 자랄 때 방향으로 세우고 키친타월로 감싸서 보관하면 오랫동안 신선함을 유지할 수 있다.

❷ 뿌리채소 보관하기

무와 같은 뿌리채소는 수확할 때 묻은 흙 때문에 세균 감염이 될 수 있으니 이물질을 제거하고 보관해야 한다. 당근은 흙을 씻어 내고 물기를 말린 후 보관해야 무르지 않는다. 외부 공기가 차단되도록 완전히 밀봉하면 바람이 들거나 시들해지는 것을 방지할 수 있다.

❸ 자투리 채소 보관하기

남은 자투리 채소는 자른 단면을 통해 수분과 영양이 손실되고, 세균 감염에도 취약해지므로 보관에 더 신경 써야 한다. 남은 자투리 채소들은 투명 비닐봉지에 담아 보관할 수 있지만, 쉽게 무를 수 있으므로 밀폐 용기에 담아 보관하는 것이 좋다. 호박은 꼭지 부분부터 사용해야 남은 부분의 수분 유지가 잘 되고, 양파는 생장점인 뿌리 부분을 도려내면 더 오래 보관할 수 있다.

> **TIP** 먹다 남은 당근, 감자, 양파, 호박 등은 잘게 썰어 냉동 보관했다가 볶음밥 재료로 활용할 수 있다. 남은 양파, 대파, 우엉 등은 맛간장 만들 때 사용하면 좋다.

❹ 양배추 보관하기

수분이 적은 양배추는 자른 단면에서 수분이 날아가 마르거나 변색되므로 마른 키친타월이 아닌 젖은 키친타월로 감싸 보관해야 한다. 양배추는 뿌리부터 썩는 채소라서 생장점인 뿌리 부분을 잘라내고 보관하면, 더는 자라지 않아 오랫동안 신선도가 유지된다.

❺ 데친 나물 보관하기

우거지, 시래기, 고사리 등은 끓는 물에 살짝 데친 다음 납작한 스테인리스 용기에 나눠 담고, 약간의 물과 함께 얼려 주면 수분이 유지되어 질겨지지 않는다. 물론 보관 용기에 나물 이름과 보관 날짜 기록은 필수다. 스테인리스 용기는 속이 보이지 않아 불편하지만 다른 용기에 비해 급속 냉동이 가능하다.

❻ 깻잎 보관하기

깻잎은 여러 음식에 활용되지만 향기 강해 많이 남는 식재료다. 잘못 보관하면 검은 반점이 생기거나 쉽게 시들기 때문에 잎 방향을 위로 향하게 하고 줄기만 물에 닿을 수 있도록 세워서 보관한다. 이때 줄기의 끝부분을 살짝 자르면 수분 흡수력이 좋아져 신선함을 유지하는 데 도움이 된다.

❼ 대파 보관하기

대파는 뿌리 부분을 완전히 제거한 뒤 보관하면 파의 안쪽 부분이 밖으로 밀고 나오기 때문에 수분이 빠지면서 신선도가 빨리 떨어진다. 그래서 대파를 손질할 때는 뿌리를 약간 남기고 다듬어야 신선하게 보관할 수 있다.

가성비 살림 노하우 2 — 달걀 보관하기

달걀은 표면의 1만 개 정도 작은 구멍을 통해 호흡하기 때문에 주변 냄새를 잘 흡수한다. 따라서 달걀 전용 밀폐 용기에 담아서 보관하는 것이 좋다. 달걀은 충격을 받으면 노른자가 풀어지고 신선도가 떨어지기 때문에, 여닫는 동안 흔들리는 냉장고 문 쪽보다 냉장실 선반에 보관하는 것이 오랫동안 보관하는 방법이다. 물로 씻으면 보호막이 사라지기 때문에 구입 상태 그대로 둥근 부분이 위로 향하도록 보관한다. 위아래 구분이 어려우면 구입했을 때 방향을 기준으로 하면 된다.

가성비 살림 노하우 3 — 들기름 보관하기

들기름은 공기 접촉이 많아질수록 산패가 빨라지므로 개봉 후 1개월 이내에 섭취하는 것이 가장 좋다. 상온에 보관하면 산패되기 쉬우니 반드시 냉장 보관해야 하며, 빛에 약하기 때문에 직사광선을 피할 수 있는 짙은 색 병에 넣거나 키친타월 등에 감싸서 빛을 차단하고, 온도 변화가 심한 냉장고 문 쪽보다 냉장고 선반 안쪽에 보관한다. 들기름과 참기름을 8:2 비율로 혼합하면 영양과 보관상태를 더 좋게 할 수 있다. 참기름의 산화를 억제하는 리그난 성분이 들기름 산패를 막아 준다고 한다. 반드시 냉장실 보관을 하되 소비기한은 한 달이다.

가성비 살림 노하우 4 — 고춧가루 보관하기

고춧가루는 변질이나 변색을 막기 위해 햇빛 차단도 중요하지만, 습기와 공기의 차단도 중요하다. 고춧가루에 습기가 차면 덩어리지면서 색도 검어지고, 푸석해져 맛도 떨어진다. 수분과 공기 접촉을 줄이기 위해서는 비닐봉지보다 밀폐 용기에 나누어 보관하는 것이 좋다. 고춧가루는 냉장, 냉동 보관 모두 가능하지만, 고춧가루 본연의 맛을 지키려면 김치냉장고에 보관하는 것이 더 좋다. 굵은 고춧가루와 고운 고춧가루를 구분하여 소분한 후, 밀폐 용기에 보관하면 편리하게 사용할 수 있다.

가성비 살림 노하우 5

남은 통조림 식품 보관하기

참치, 햄, 골뱅이, 옥수수, 과일 등 통조림 식품을 먹고 남은 그대로 보관하면, 캔의 주석 성분이 산소와 결합한 뒤 용해되어 섭취 시 매우 위험하다. 남은 통조림 식품은 반드시 밀폐 용기에 옮겨 담고, 통조림 개봉 날짜를 기록하여 냉장 보관한다. 통조림 식품은 일단 개봉하면 다른 식품보다 더 빨리 상하기 때문에 최대한 단시간 섭취하는 것이 좋다.

가성비 살림 노하우 6

통마늘 1년 보관하기

1년 사용할 만큼 구매한 통마늘은 부피가 커서 보관하기도 어렵고, 수분이 빠지면서 본연의 맛을 유지하기도 어렵다. 통마늘을 구입하여 오랜 기간 보관하고 싶다면 마늘대와 겉껍질까지만 제거한 뒤, 밀폐 용기 바닥에 신문지를 깔고 그 위에 마늘을 올린다. 그리고 '신문지 → 마늘 → 신문지 → 마늘' 순서로 번갈아 가며 겹겹이 쌓아서 김치냉장고에 보관하면, 신문지가 적절한 수분 조절 역할을 하여 마늘 보관 기간을 늘릴 수 있다. 냉장실보다 김치냉장고의 자주 열지 않는 칸에 보관하는 것이 좋다.

가성비 살림 노하우 7

다진 식재료 보관하기

다진 고기, 다진 마늘, 다진 생강처럼 다져서 사용하는 식재료는 일회용 비닐백에 넣고 얇게 편 다음, 사용할 분량만큼 젓가락으로 눌러 사진처럼 나눈다. 밀봉한 재료는 스테인리스 쟁반에 평평하게 얼리면 냉각이 빠르다. 얼면 세로 수납한다. 다진 고기는 밀봉한 비닐백에 구매 날짜를 꼭 적어야 한다.

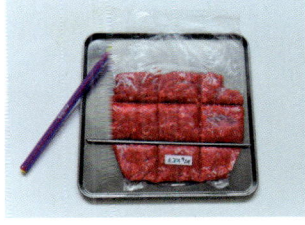 

* 수납 도구 제품명 – 애니락

해산물 보관하기

요즘은 집에서 다 같이 식사하는 가족이 많지 않아 한 번에 많은 생선을 조리하는 경우가 거의 없다. 생선이나 오징어 등 해산물은 1인분씩 나눠 보관하도록 한다. 해산물을 소분할 때, 생선은 내장과 핏물을 깨끗이 씻어 적당한 크기로 자르고, 오징어는 뼈와 내장을 제거한 뒤 그대로 냉동하거나 적당한 크기로 자른다. 그리고 납작 용기에 넣은 뒤 냉동 보관하면 된다. 납작 용기에 넣은 해산물은 평평한 곳에서 얼린 다음, 자리가 잡히면 바구니에 넣어 세로 수납한다.

▲ 오징어를 납작 용기에 넣고 바로 세로 수납하여 얼리면, 한쪽으로 쏠린 채 냉동됨

새우젓 보관하기

새우젓은 음식의 감칠맛을 내주는 천연 조미료 중 하나다. 새우젓은 어떤 용도로 사용하든 냉동 보관하는 편이 좋다. 염도가 높아 잘 얼지도 않는다. 냉장 보관을 하며 여러 차례 덜어 사용하다 보면 누렇게 변색하면서 풍미가 떨어진다. 작은 용기에 나눠 담아 냉동 보관한다. 먹을 만큼만 덜어내고 바로 냉동실에 넣어 온도 변화를 줄여야 오랫동안 신선하게 보관할 수 있다.

가성비 살림 노하우 10
즉석밥 대신 냉동밥으로 보관하기

밥을 많이 했거나 밥을 해서 냉동 보관하여 즉석밥을 대신하려면, 밥을 하자마자 김이 모락모락 나는 상태로 밀폐 용기에 담아 바로 뚜껑을 덮어 준다. 그리고 실온에서 어느 정도 식힌 뒤 냉동실에 넣어야 한다. 그러면 수분이 그대로 보존되고, 해동했을 때 갓 지은 밥처럼 맛있다. 볶음밥도 같은 방법으로 하면 된다. 밥을 냉동시키면 밥의 수분이 팽창하여 유리그릇이 파손될 수 있으므로, 반드시 유리와 밥 사이에 틈이 생기도록 전후좌우로 몇 번씩 흔들어 주먹밥 형태로 냉동 보관한다.

가성비 살림 노하우 11
바나나 보관하기

바나나는 냉장고에 보관하면 껍질 전체가 검게 변하면서 고유의 색과 맛을 유지하기 어렵다. 그래서 실온 보관 또는 냉동 보관이 좋다. 껍질째 얼리면 매번 껍질을 까기 어려우므로, 껍질을 벗기고 얇게 편을 썰어 종이 포일에 2단으로 냉동 보관하면 공간도 덜 차지하고 해동도 쉽다. 우유와 함께 주스를 만들 때도 쉽게 갈린다.

가성비 살림 노하우 12
음식물쓰레기 부피와 무게 줄이기

음식물쓰레기도 종량제 봉투로 배출하기 때문에 최대한 부피와 무게를 줄여야 한다. 물기만 줄여도 부피와 무게가 확실히 줄기 때문에, 국물은 하수구에 버리고 배출하기 전에 물기를 한 번 더 짜 준다. 과일 껍질은 창가에서 말리거나 채소 탈수기를 이용하여 물기를 제거하여 버리는 것이 좋다.

TIP 겨울철 건조한 실내에서 과일 껍질을 말리면 습기 조절에 도움된다.

집에 들어왔을 때 가장 먼저 대하는 공간이 현관이다. 그런 만큼
현관을 어떻게 정리, 수납하는가에 따라 우리 집의 첫인상에 영향을
끼친다. 모든 가족의 공용 공간인 거실은 가족들이 가장 많이
머무르는 공간이기도 하지만, 손님이 왔을 때 주로 머무르는 공간으로
그만큼 수납과 정돈의 상태에 민감한 곳이기도 하다.
이번 장에서는 현관과 거실 수납정리 방법과 공부를 잘할 수 있게
해 주는 아이방 수납정리 방법을 알아보자.

CHAPTER 4

거실과 현관, 아이방 수납정리하기

미리 살펴보는 거실 정리 노하우

 Preview

 # 거실 정리가 안되는 이유
- 가족 구성원 모두가 사용한 물건을 제자리에 두는 습관이 부족하다.
- 큰 가구가 벽을 가득 채우고 있거나 가구 배치가 잘못되었다.
- 거실 분위기와 맞지 않는 소품들로 어수선하다.

거실은 집의 중심이자 가족의 휴식 공간이기 때문에 사용하고 난 물건을 그대로 두기 쉽다. 또 손님을 맞이하는 공간으로 다양한 인테리어 소품이 진열되어 있기도 하다. 이처럼 물건이 많은 거실은 다른 공간에 비해 쉽게 어질러진다.

거실 정리 노하우 3단계

1단계 ········· **2단계** ········· **3단계**

정리정돈의 효과가 돋보이도록 / 편안한 느낌의 / 보이는 수납과
가구 재배치하기 / 가족 공간으로 만들기 / 보여 주는 수납 구분하기

1단계 정리정돈의 효과가 돋보이도록 가구 재배치하기

거실은 소파와 장식장이 아무리 좋은 가구라고 해도 배치가 제대로 되어있지 않으면 정리정돈을 열심히 해도 티가 나지 않는다. 그렇다고 깔끔해 보이기 위해 잘 사용하고 있는 가구를 무작정 없앨 수도 없다. 지금 가지고 있는 가구를 다시 제대로 배치만 해도 정리정돈의 효과를 볼 수 있다. 다음은 거실 가구를 배치하는 방법이다.

사진 Pixabay

❶ 거실에 편안하고 넓은 느낌을 주려면 최대한 낮은 가구를 두어야 한다.
❷ 가구는 비슷한 높이끼리 배치한다. 문 입구 쪽에 큰 가구가 있으면 답답하게 느껴질 수 있으니 안쪽에 큰 가구를, 문 입구 쪽에는 낮은 가구를 놓는 것이 좋다. 이렇게 계단식으로 배치하면 안정감이 든다.
❸ 가구는 거실의 3분의 1 정도만 차지하는 것이 이상적이다. 거실 크기에 비해 가구가 너무 크거나 색상이 혼란하면 자칫 답답해 보일 수 있다.
❹ 가구마다 높이와 앞뒤 폭이 다를 때, 가구의 뒤쪽보다 앞쪽을 일직선으로 맞춰야 더 정돈된 느낌이 든다.

풍수 인테리어 한마디

집에 호화롭고 덩치 큰 가구가 많은 것보다 꼭 필요한 가구만 있는 것이 집의 기운을 좋게 만든다고 한다. 그 이유는 가족 수에 맞지 않게 짐이 많으면, 집이 사람을 위한 휴식 공간이 아니라 가구를 위한 곳이 되기 때문이다. 거실은 공간을 깊이 살리고 단순하게 꾸미는 것이 풍수지리적으로 좋다고 한다.

2단계 편안한 느낌의 가족 공간으로 만들기

외출 후 집에 돌아왔을 때 거실이 어수선하면 가족들은 편안함을 느끼지 못할 것이다. '어휴, 또 치워야 해?'라며 피로감부터 느낄 것이다. 거실은 개인 공간이 아니라 가족 모두의 공동 공간이기 때문에 가족 간 배려가 필요하다. 이를 위해서 먼저 불필요한 물건부터 없애고 최소한의 물건만 배치한다. 또 사용한 물건은 제자리에 두는 습관을 갖는 것이 좋다.

❶ 공용으로 사용하지 않는 개인 물건은 각자의 공간으로 옮긴다.
❷ 장식품과 보관하는 물건은 한곳에 모아 수납한다. 장식용 소품을 여러 곳에 두면 거실은 더욱 좁고 어수선해 보인다.
❸ 오래된 전단지, 각종 고지서, 우편물, 고장 나거나 사용하지 않는 가전제품, 방치된 장식 소품, 소비기한이 지난 의약품 등을 가장 먼저 정리한다.
❹ 가전제품 사용설명서, 의약품, 찜질기나 안마기, 반짇고리 등 가족이 함께 사용하는 물건들을 거실에 두면 편리하다.

3단계 보이는 수납과 보여 주는 수납 구분하기

물건 수가 적을수록 정리정돈 효과가 높아지듯 인테리어도 마찬가지다. 하나하나 보면 예쁜 소품들이지만 여러 개 모아 놓으면 오히려 더 복잡해 보인다. 소품은 최소한의 것만 배치하는 것이 좋다. 그러면 세련되어 보이고 관리도 쉽다.

▲ 콘솔 위에 너무 많은 물건을 두어 지저분해 보임   ▲ 물건을 정리하고, 콘솔 위는 최소한의 소품으로만 장식

콘솔 서랍 수납하기

콘솔 서랍은 건강 연관 물건을 수납하기로 했다. 수납 바구니마다 칸을 나누고, 일회용 밴드, 바르는 약, 내복약, 파스, 운동기구, 살충제 등을 끼리끼리 분류하여 위아래 서랍에 나눠 수납했다. 또 무슨 약이 있는지 바로 알 수 있게 약상자를 세워서 세로 수납했다.

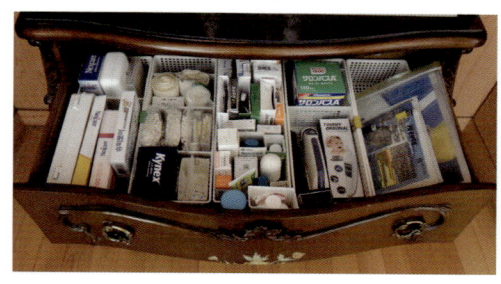 

컴퓨터를 쉽게 이동시킬 수 있는 이동 받침대 만들기

❶ 싱크대 공장에 받침대를 주문하고, 철물점에서 이동식 바퀴 4개를 구입한다.

❷ 나사·못을 이용하여 받침대에 이동식 바퀴를 부착한다.

❸ 만들어진 이동 받침대에 컴퓨터 본체와 프린터를 올려놓으면, 쉽게 옮길 수 있어 청소하거나 컴퓨터를 수리할 때 편리하다.

TIP 보통 컴퓨터 본체를 바닥에 두기 때문에 먼지가 본체 내부로 들어가 고장의 원인이 된다. 이동 받침대를 만들어 본체를 올려 두면 쉽게 옮길 수 있어 본체 주변 먼지를 자주 청소할 수 있다. 공기청정기, 제습기 등 옮겨 다니는 덩치 큰 물건도 이 방법을 활용하면 좋다.

Before #거실

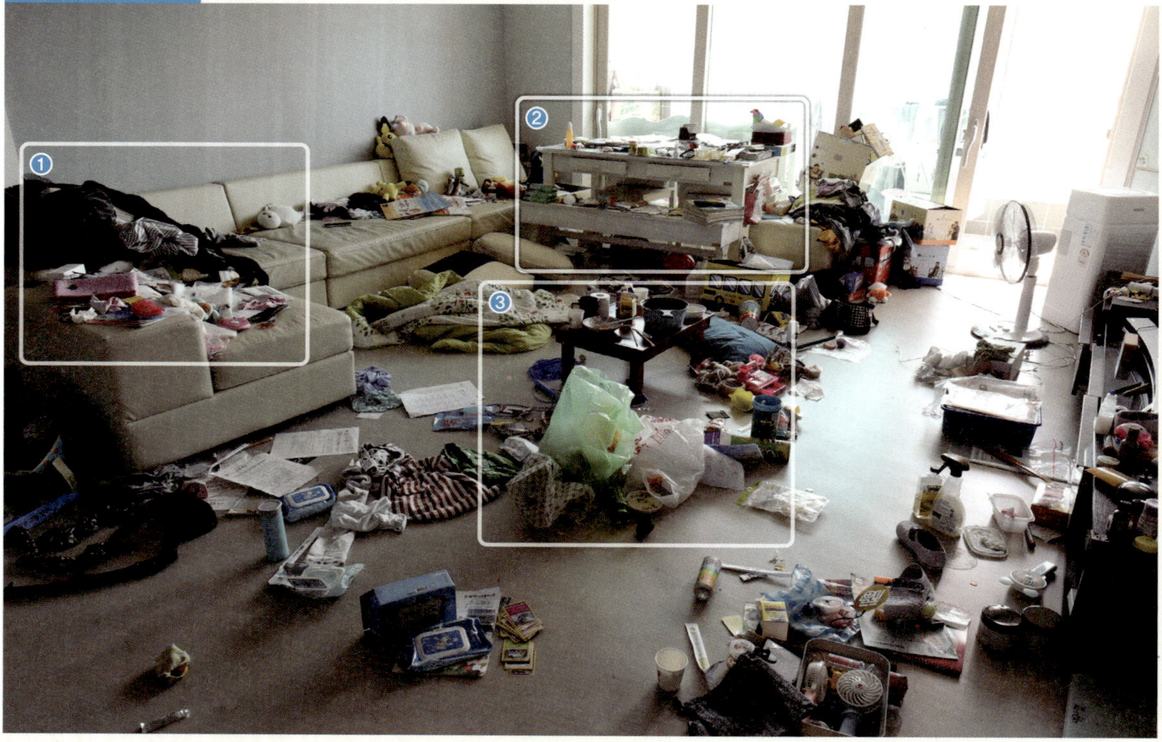

맞벌이 부부인 사례자는 정리정돈이 잘 안된다는 이유로 더 넓은 집으로 이사했다. 하지만 이사한 집도 마찬가지였다. 이유는 가족들 모두 정리정돈 방법을 잘 모르기 때문이었다. 그래서 거실을 가장 많이 사용하는 초등학교 1학년 아이에게 "엄마는 놀러 나간 것이 아니라 일하러 나가셨잖아. 네가 사용한 물건만이라도 한곳에 모아 두고, 먹은 그릇은 싱크대에 두고, 다 먹은 과자 봉지는 쓰레기통에 버리기만 해도 거실이 완전히 달라질 거야."라고 부탁하였다. 그 후 부탁한 대로 잘 따라준 아이 덕분에 거실 정돈이 좀 더 쉬워졌다.

Problem

❶ 소파 위에 벗어 둔 옷가지, 학교 물건, 공과금 청구서, 과자 봉지 등 온갖 잡동사니들이 쌓여 있다.

❷ 테이블은 다용도로 사용하기 위해 거실 중앙에 두었지만, 의도와는 달리 한쪽 구석으로 밀려나고 그 위에 잡다한 물건들이 쌓이기 시작했다.

❸ 거실 곳곳에 전날 먹은 과일 껍질, 종량제 봉투, 다 먹은 과자 봉지까지 굴러다녀 휴식 공간이라고 보기 어렵다.

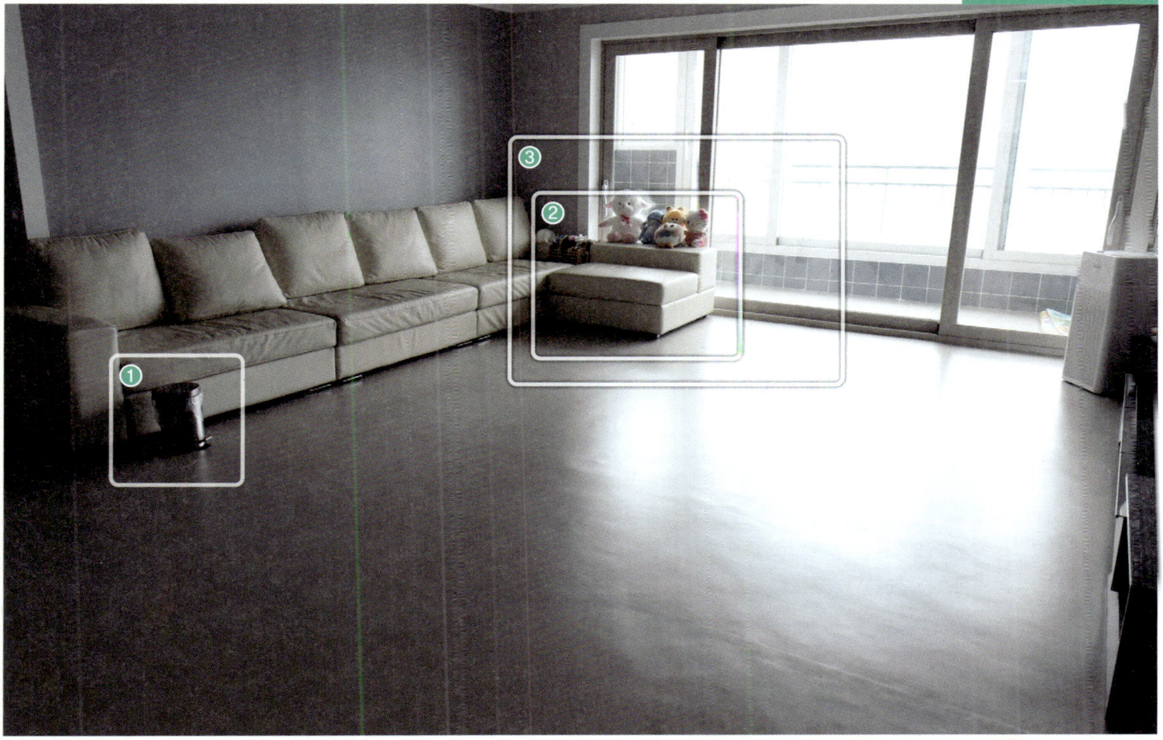

거실 가구를 재배치하고, 바닥에 있던 물건들은 지정석을 정해 옮겨 놓았다. 가구 재배치로 거실이 훨씬 넓어졌다. 이후 쾌적한 거실을 유지하기 위해 가족 모두 노력했다. 부부는 퇴근 후 집에 와서도 정리정돈에 대해 스트레스를 받지 않게 되었고, 친구나 친지들을 편하게 맞이할 수 있어 마음의 여유도 생겼다.

Solution

1. 과자 봉지 같은 쓰레기를 아무 데나 버리는 습관을 고치기 위해 소파 주변에 휴지통을 두었다.
2. 거실 입구에 있던 소파 스툴에 물건을 던져 놓는 습관을 고치기 위해 소파 스툴을 창가 쪽으로 옮겼다.
3. 테이블 위에 잡다한 물건을 올려 두는 습관을 없애기 위해 창가에 놓여 있던 큰 테이블을 치웠다.

수납의 기본 원칙으로 거실 정리하기

> **연상 수납**
> 바느질에 연관되는 물건을 모아 수납한다.
>
> **끼리끼리 수납**
> 바늘, 실, 가위 등을 끼리끼리 모아서 분류하여 수납한다.
>
> **칸막이 수납**
> 물건이 흐트러져 서로 섞이지 않도록 수납 칸막이를 설치한다.
>
> **세로 수납**
> 작은 지퍼백을 활용하거나 물건 자체를 세로 수납하여 색상 구분까지 가능하게 한다.
>
> **이름표 붙이기**
> 분류용 지퍼백이나 수납함마다 구분이 쉽게 이름표를 붙인다.

가족이 함께 쓰는 물건은 언제든 쉽게 찾아서 사용할 수 있도록 거실 수납장에 두는 것이 적합하다. 사용 후 제자리에 갖다 두는 습관도 필요하다. 그래야 다음에도 찾기 쉽다.

1. 연상 수납

거실 수납장을 반짇고리 통으로 만들어, 바느질에 연상되는 물건을 따로 모아 수납했다. 바느질은 거실에서 하는 경우가 많으므로 거실 수납장에 두는 것이 편리하다. 바느질을 할 때마다 매번 반짇고리 통을 들고 왔다 갔다 하지 않아도 되고, 필요한 것만 바로 꺼내 사용할 수 있어 편하다.

▲ 연상 수납

2. 끼리끼리 수납

멀티탭, 테이프, 건전지, 미니 전구 등을 같은 종류끼리 분류하여 수납했다. 연관되는 물건끼리 모아 두었더라도, 또다시 분류하여 끼리끼리 수납해야 찾기 쉽고 유지도 쉽다.

▲ 끼리끼리 수납

3. 칸막이 수납

종류별로 끼리끼리 분류하여 수납할 수 있도록 수납 칸막이를 사용했다. 별도로 수납 칸막이를 사지 않고, 우유팩을 재활용하여 만들었다. 원하는 크기와 형태로 만들 수 있다. 긴 물건은 서랍 뒤쪽 줄에, 작은 물건은 앞쪽 줄에 배치하면 모두 잘 보인다.

▲ 칸막이 수납

4. 세로 수납

다양한 테이프, 멀티탭, 줄자, 건전지 등을 세로 수납하면 물건을 꺼내도 정돈한 물건이 흐트러지지 않는다. 세로 수납을 하면 밑에 깔리면 잘 보이지 않았던 건전지 같은 작은 물건도 잘 보여, 작은 물건을 찾는 시간을 줄일 수 있다. 물건을 세울 수 있는 공간만 있다면 눕히는 것보다 세로 수납이 자리도 덜 차지한다.

▲ 세로 수납

5. 이름표 붙이기

서랍장을 뒤져 보면 매우 많은 전선을 발견할 수 있다. 가전제품은 이미 버리고 없는데 전선만 남아 있기도 한다. 사용하려는 전자제품의 전선을 찾을 때 어떤 것이 제 짝인지 알아내기란 쉽지 않다. 일일이 끼워 맞춰 봐야 하는데, 시간도 많이 걸리고 필요한 전선이 없을 때도 있다. 이를 방지하기 위해 가전제품을 새로 사면 바로 전선에 이름표부터 붙여 두자. 그래야 다음에 용도에 맞는 물건을 쉽게 찾는다.

▲ 이름표 붙이기

두 배로 넓게 쓰는 거실 수납공간 활용 노하우

1. 가구 재배치로 공간 확보하기

잘못된 가구 배치로 정리정돈이 어려운 경우가 있다. 이런 집은 가구 배치만 바꾸어도 분위기가 확 달라진다. 사례자의 거실은 서재형으로, 식탁을 거실 쪽으로 옮겨와 책상 겸용으로 사용하고 있다. 거실을 학습 공간으로 만들었지만, 아이들 학습 교재보다 부부 물건이 더 많아 어수선해 보인다. 그래서 다른 곳에 있던 책장과 자리를 바꾸어 같은 종류 책장끼리 배치했다. 서재형 거실의 본모습을 찾았고, 베란다에 있던 책들을 책장에 정돈할 수 있어 베란다 공간도 넓어졌다.

▲ 베란다 유리 문에 별자리, 수학 교육 자료 포스터를 붙여 어수선해 보임

▲ 집 안에 흩어져 있던 책장을 색상과 높이에 맞춰 재배치한 뒤, 베란다에 있던 책들을 새로 생긴 공간에 정돈함

▲ 책장 위에 놓인 물건들로 가구들 높낮이가 들쭉날쭉해 보이고, 거실 입구에 식탁이 있어 거실이 전체적으로 답답해 보임

▲ 아이들 학습 분위기를 위해 책장에 학습 교재를 배치, 문구용 서랍장 역시 식탁 겸용 책상과 컴퓨터 책상에서 손이 닿기 쉬운 중간 위치에 배치

2. 넓고 깔끔한 거실 만들기

거실은 어떤 가구를 배치하는가에 따라 넓어 보이기도 좁아 보이기도 한다. 또 가구의 높낮이도 중요한데, 높이가 낮은 가구를 배치해야 넓어 보인다. 그래야 여백이 많아져, 넓고 깨끗하게 보이기 때문이다. 아래의 사례를 보면 높은 책장이나 사용 용도가 불분명한 유리 수납장 때문에 시각적으로 답답해 보인다. 낮은 높이의 가구로 바꾸고 위치를 이동시키자 훨씬 넓고 깨끗해 보인다.

▲ 왼쪽의 키 큰 책장과 피아노 위 벽에 선반이 있어 거실이 전체적으로 답답해 보임

▲ 키 큰 책장을 낮은 장으로 바꾸어 가구 높이가 같아지니 간결하고 안정되어 보임

▲ 왼쪽 키 높은 스타일러는 사용 위치에 맞지도 않고 답답한 느낌이 들게 만듦

▲ 왼쪽 스타일러는 용도에 맞는 옷방으로 이동시키니 거실이 훨씬 넓고 간결해 보임

3. 소파 하단의 빈 공간 활용하기

하단에 빈 공간이 있는 소파가 있다면 이 공간이 애매하다. 물건을 수납하자니 열린 공간이라 지저분해 보이고, 그대로 두자니 자꾸 물건을 밀어 넣기 때문이다. 그래서 이 공간을 안 쓰는 서랍장 서랍을 재활용하여 수납공간으로 활용하였다.

바퀴를 달아 서랍장 재활용하기

소파 밑 공간에 서랍장을 그대로 넣어 수납해도 된다. 하지만 서랍장을 빼내다 바닥을 긁기 쉽고, 물건이 많아서 서랍이 무거워지면 꺼내기도 어렵다. 그래서 서랍장 하단에 바퀴를 달아 사용한다. 서랍 양쪽에 부착된 레일은 나사를 풀어 해체하고, 철물점에서 바퀴를 구입해 서랍 바닥에 부착하면 된다. 서랍에 손잡이를 부착하면 소파에 앉을 때 걸릴 수 있으니 주의한다.

소파 옆 컴퓨터 책상 정리하기

기존의 작은 컴퓨터 책상 위에 컴퓨터 본체와 프린트를 올려놓고, 작은 책상 하단 빈 공간에 서랍을 만들어 넣었다. 서랍은 집에 있던 나무 상자에 인터넷에서 주문한 서랍 앞판을 붙이고 버리는 가구 손잡이를 재활용해 만들었다. 서랍 안에는 프린트 용지를 수납했다. 지저분한 컴퓨터 전선이 서랍에 의해 가려져 일거양득의 효과를 볼 수 있었다.

 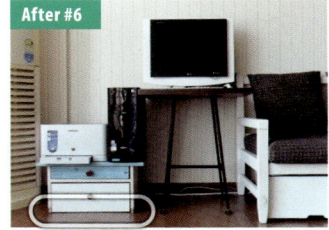

▲ 노출되어 있는 지저분한 전선들   ▲ 서랍 바닥에 부직포를 붙이면 여닫을 때 마룻바닥이 안 긁힘

4. 수납 칸막이로 서랍장 공간 확보하기

서랍에 물건들을 아무렇게 수납하면 비좁게 사용할 수밖에 없다. 수납 바구니와 우유팩으로 수납 칸막이를 만들어 물건을 분류하여 수납하면 넓은 공간으로 활용할 수 있다. 최고의 수납은 정리정돈 상태를 제대로 유지하는 것이다. 그 방법 중 하나가 바로 수납 칸막이를 활용하는 것이다.

▲ 물건을 마구 집어 넣어서 찾기가 어려움   ▲ 수납 칸막이로 칸을 나누고 세로 수납하여 공간을 더 넓게 사용

수납 바구니와 우유팩을 수납 도구로 사용하기

수납 바구니와 우유팩을 재활용하여 수납 칸막이로 활용하면 원하는 크기와 형태로 수납 도구를 만들 수 있다.

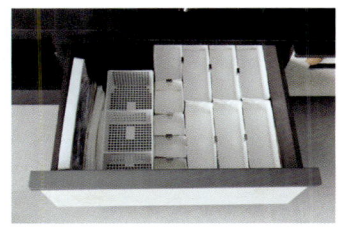

가전제품 사용설명서 수납하기

가전제품 사용설명서는 제품의 기능을 제대로 활용할 수 있도록 돕고 문제가 발생했을 때 필요하므로 모아 두는 것이 좋다. 일반 파일이나 아코디언 파일을 활용하여 사용설명서를 수납해 보자. 집 안을 정리하다 가전제품 사용설명서가 나오면 그때마다 서류철에 넣어 두면 된다.

❶ 각종 가전제품 사용설명서를 모아 소형과 대형가전, 주방과 일반 가전 등 기준을 세워 분류한다.

❷ 일반 파일이나 아코디언 파일을 준비한다.

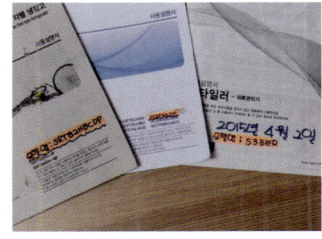

❸ 사용설명서에 구매 날짜를 적고, 모델명이 눈에 잘 띄게 형광펜으로 표시한다.

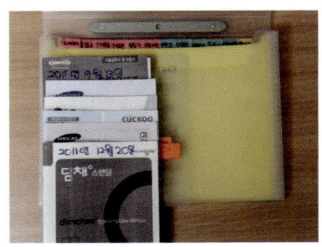

❹ 크기가 작은 사용설명서는 파일을 세웠을 때 한쪽으로 쏠릴 수 있다. 펼쳐서 넣으면 쏠리지도 않고 부피도 줄어든다.

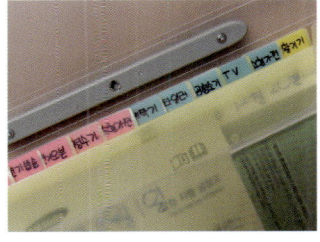

❺ 주방가전, 생활가전, 소형가전 등으로 분류하고 이름표 색깔을 다르게 구분해 붙였다. 한 번에 찾기 쉽게 이름표 위치도 다르게 했다.

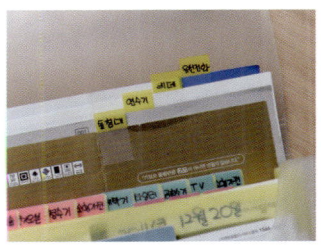

❻ 아코디언 파일에 사용설명서를 넣는다. 분류가 어려운 책자는 따로 이름을 붙여 주면 된다. 파일 안에서도 구분하기 쉬워진다.

재활용품 아이디어와 가성비 살림 노하우 … 거실

재활용품 아이디어 1

링과 리본 테이프로 각 티슈 수납하기

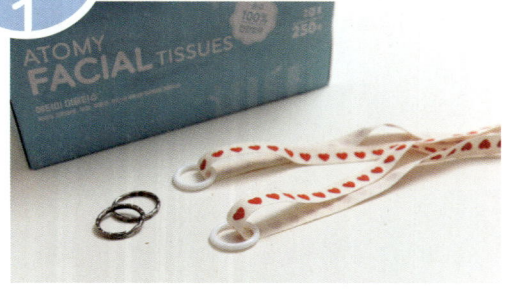

1. 링 2개와 리본 테이프를 준비한다. 링을 리본 테이프에 끼운다.

2. 링을 끼운 리본 테이프를 각 티슈 양쪽에 묶는다.

3. 각 티슈가 벽에 매달려 걸릴 수 있도록 단단하게 묶어 준다.

4. 벽에 행거 2개를 부착하고 리본 테이프에 끼운 링을 걸어 준다. 각 티슈를 거꾸로 매달아 두면 마지막 한 장까지 편하게 사용할 수 있다.

 어떤 물건을 거실 수납 도구로 사용하면 좋을까?

회전식 이동바퀴, (아코디언) 파일, 칸막이 메쉬 바구니

재활용품 아이디어 2

컴퓨터 전선 수납 상자 만들기

1. 신발 상자의 양쪽 옆면에 전선이 들어갈 수 있도록 홈을 내어 준다.

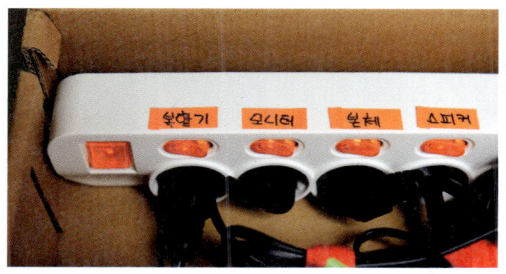

2. 멀티탭의 플러그 꽂는 자리마다 어떤 제품 플러그인지 알 수 있게 이름표를 붙여 준다.

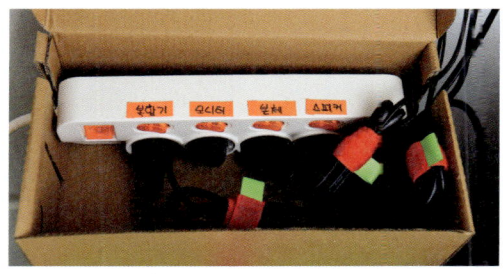

3. 벨크로 밴드로 전선을 정리해 묶고, 상자의 양쪽 홈을 통해 전선을 넣어 준다.

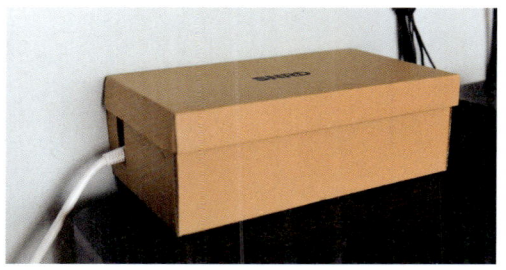

4. 뚜껑을 닫아 주면, 멀티탭의 먼지도 해결하고 전선이 깔끔하게 정돈된다.

주의 멀티탭의 콘센트에 먼지가 쌓이면 정전기나 전기 스파크가 발생해 화재의 원인이 될 수 있으니, 여기에 먼지가 쌓이지 않도록 관리한다.

재활용품 아이디어 3

탁상용 달력을 사용하여 소파 주변 물건 수납하기

탁상용 달력의 삼각대 사이에 작은 상자를 만들어 넣으면 서랍식 수납함으로 사용할 수 있다. 여기에 메모지와 볼펜을 넣어 두면 달력에 일정을 표시할 때 쉽게 찾아 사용할 수 있고, 달력 삼각대 바깥쪽에 클리어 파일의 비닐 속지로 주머니를 만들어 붙이면 공과금 지로용지나 영수증을 보관할 수 있다.

재활용품 아이디어 4
우유팩으로 리모컨 수납함 만들기

1. 200㎖ 우유팩 윗부분을 잘라내고, 세로로 자른 후 서로 겹쳐 끼워 납작한 상자로 만든다.

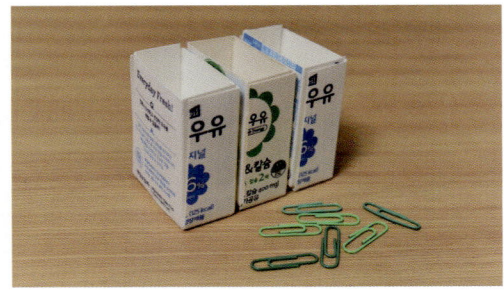

2. 같은 방법으로 납작 상자를 3개 만들어, 서로 이어 클립으로 고정한다.

3. 탄탄한 상자를 구해 예쁜 포장지를 붙여 꾸민다. 납작 상자 3개를 안에 넣는다.

4. 수납 칸막이가 리모컨 크기에 잘 맞아 편리하고, 칸막이를 클립으로만 고정해서 상자 안에 쌓이는 먼지 제거도 쉽다.

재활용품 아이디어 5
조미김 포장 용기로 수납 칸막이 만들기

조미김 포장 용기는 별도로 자르지 않아도 수납 칸막이로 활용할 수 있다. 다만 칸을 나누고 공간이 남으면, 원하는 대로 크기 조절이 가능한 우유팩 수납함을 만들어 넣어 빈 공간을 없애 흔들림이 없게 한다. 손톱깎이, 고무밴드, 건전지 등 자잘한 물건을 수납하기 좋다.

TIP 칸막이 만드는 방법은 182쪽을 참조한다.

요가 매트 수납하기

운동을 한 뒤 사용한 요가 매트는 돌돌 말아서 거실 구석에 세워 두지만 스르르 풀린다. 풀린 요가 매트는 부피가 커져 감당하기 어려울 수도 있다. 버리는 등산복 벨트나 면바지에 딸려 나오는 벨트를 요가 매트의 고정끈으로 사용하면 된다.

실내 미세먼지 청소법

공기청정기가 없다면 분무기를 활용하여 실내공기에 있는 미세먼지를 없애 보자. 먹다 남은 소주를 분무기에 담은 뒤 공중에 분사한다. 공기 중에 있던 미세먼지가 물방울에 흡착되어 물방울과 함께 떨어지면 바닥을 걸레로 닦아 준다. 천장과 벽면 벽지에 붙어 있는 묵은 먼지는 봉걸레로 제거할 수 있다.

가성비 살림 노하우 3

초간단 가습기 만들기

1. 두루마리 휴지, 나무젓가락, 면적이 넓은 용기를 준비한다.

2. 빈 용기에 나무젓가락을 일정한 간격으로 올려놓고, 그 위에 두루마리 휴지를 적당한 길이로 걸쳐 준다. 길이는 휴지의 양 끝이 바닥에 여유 있게 닿을 정도로 한다.

3. 용기 한쪽에 물을 부어 준다. 끓인 물이나 정수된 물을 사용해야 세균 번식이 적다.

4. 휴지가 물을 빨아들이고 증발시켜, 실내 공기를 촉촉하게 만들어 준다.

손쉽고 위생적인 초간단 가습기

건조한 실내 공기 때문에 가습기를 사용한다. 하지만 세척 때문에 마음에 걸린다면 세척도 필요 없고 큰돈도 들어가지 않는 초간단 휴지 가습기를 만들어 사용해 보자. 그릇에 물만 담아 두는 것보다 휴지를 통해 수분을 증발시키면 가습기만큼 효과가 나타난다. 젖은 빨래는 생각보다 수분이 많아서 많이 널어 두면 오히려 실내 습도를 과하게 높여 곰팡이가 번식할 수 있다. 수경 식물을 실내 곳곳에 두는 것도 방법이다.

가성비 살림 노하우 4

건전지 잔량 확인하기

개봉한 건전지를 사용할 수 있는지 없는지 간단하게 구별하는 방법이 있다. 먼저 자를 준비해 바닥에 세운 다음, 평평한 바닥으로부터 5cm 정도 높이에서 건전지를 세로로 떨어뜨려 세워 본다. 다 쓴 건전지는 5cm 높이에서 수직 낙하시키면 건전지 내부에 가스가 발생하여 통통 튕기면서 쓰러진다. 이에 비해 새 건전지는 중량감이 있어 쓰러지지 않고 똑바로 서 있다.

 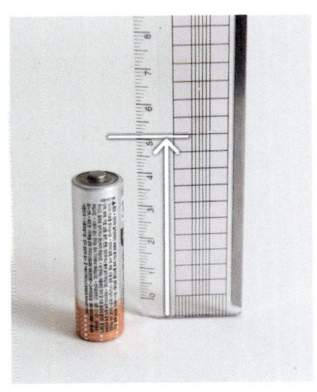

가성비 살림 노하우 5

건전지 오래 쓰는 보관법

건전지를 책상 서랍 안에 아무렇게나 넣어버려 두는 경우가 많다. 방치된 건전지가 다른 극끼리 닿으면 빠르게 방전되므로, 같은 극끼리 나란히 보관하는 게 좋다. 새 건전지와 사용하던 건전지를 같이 사용하면 사용 시간이 줄어든다. 그 이유는 건전지의 에너지가 높은 쪽에서 낮은 쪽으로 흘러 사용하던 건전지가 충전되기 때문이다. 뜯고 남은 새 건전지는 포장 케이스 안에 보관한다.

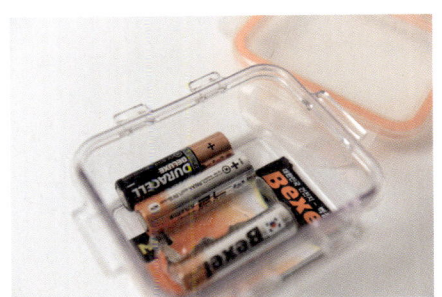

가성비 살림 노하우 6

전기요금 절약하는 방법

가전제품을 사용하지 않을 때 플러그를 빼놓아야 전기요금을 줄일 수 있다. 컴퓨터, TV, 에어컨 등은 플러그를 꽂아 두기만 해도 전력이 소모되는 제품이다. 특히 IP TV나 케이블 TV에 사용되는 셋톱박스는 소비전력이 높은 제품으로 42인치 TV보다 260배나 더 소비한다고 한다. 전기밥솥은 의외로 전기를 많이 쓴다. 전기밥솥에 갓 지은 밥을 1인분씩 냉동 보관하고, 전자레인지에 데워 먹는 것도 전기요금을 절약하는 방법이다.

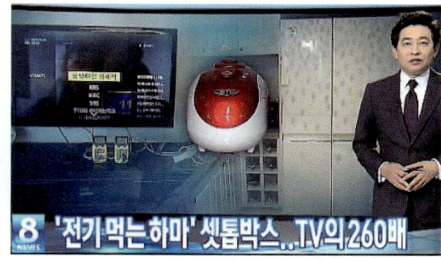

가성비 살림 노하우 7

전기요금 폭탄을 피하는 에어컨 사용법

❶ 적정 온도를 지킨다. 효율적인 에어컨 사용법은 적정 온도를 24~26℃로 설정해 오래 가동하는 것이다. 실내 온도를 1℃ 높이면 전력 7%를 절감할 수 있고, 강, 중, 약으로 내릴수록 30%씩 절전된다.
❷ 에어컨 냉방 세기를 약으로 설정하고 선풍기를 함께 튼다. 그러면 찬 공기가 실내 전체에 더 빨리 골고루 순환되어 냉방 효과가 커진다. 이때 에어컨은 위로 향하게, 선풍기는 벽을 향하게 하면 바람이 반사되면서 공간 전체로 퍼져 더 시원해진다.
❸ 공기 순환을 위해 방문을 열어 놓는다. 좁은 공간보다 탁 트인 넓은 공간에서 공기 순환이 더 빠르고 냉기의 흐름도 더욱 원활해진다고 한다. 이제 에어컨 가동 시 방문은 닫지 말고 열어 두자.
❹ 커튼이나 블라인드로 직사광선을 차단하면 15% 이상 냉방 효과가 높아진다.
❺ 에어컨 필터를 주기적으로 관리하면 5% 이상 절전된다.

가성비 살림 노하우 8

겨울철 난방비 절감하는 생활 습관

① 겨울철 실내 온도는 18~20℃를 유지한다. 실내 온도를 1℃ 낮추면 최대 7%의 난방비를 절약할 수 있다. 내복을 입으면 우리 몸의 체감온도가 3℃ 정도 올라가고 감기 예방에도 도움이 된다.

② 현관문이나 창문으로 외부 공기가 들어와 손실되는 열이 20~30% 이상이다. 유리창에 에어캡을 붙이고 창문 틈새는 '배관단열재'로 막아 주면 실내 온도를 2~3℃ 올릴 수 있다.

③ 외출할 때 보일러를 끄면, 외출에서 돌아온 뒤 다시 켤 때, 실내 온도를 높이기 위해 난방수를 급속으로 데우느라 가스 사용량이 더 많아진다. 외출할 때는 보일러를 끄지 말고 평상시 실내 온도보다 2~3℃ 낮게 설정해 주면 가스 사용량을 줄일 수 있다.

④ 겨울철 온수 온도는 대략 50℃ 만이면 충분하다. 온도를 지나치게 높게 설정하면 물 데우는 연료만 낭비하기 때문에 난방보다 온수 비용이 더 많이 나올 수 있다.

⑤ 실내 습도를 40~60%로 유지하면 공기 중 수분이 열을 오래 간직해 공기 순환이 빨라진다. 실내 온도를 금세 상승, 유지시키는 데 유리하여 에너지 소비량도 절감된다.

가성비 살림 노하우 9

약 보관하는 방법

① 약은 포장된 본래 상자와 사용설명서 또는 처방전과 함께 보관한다.

② 약을 포장된 상자 없이 보관하다 서로 부딪히면, 미세한 구멍이 생기면서 변질될 수 있으므로, 반드시 포장된 상자 안에 보관한다.

③ 사용하고 남은 약품은 최대한 잘 보존하기 위해 산소 차단을 꼼꼼히 해야 한다.

④ 약은 개봉 날짜를 기준으로 사용 여부를 판단해야 하므로, 반드시 개봉 날짜를 기록한다.

⑤ 병원 처방전으로 조제한 물약, 가루약, 알약은 변질이 쉬우므로 치료가 끝나면 바로 폐기한다.

⑥ 물약은 냉장 보관하면 침전물이 생겨 약효가 떨어지기 때문에 실온에 보관하는 것이 좋다.

⑦ 가루약을 물약에 섞어 현탁액으로 만든 항생제 계열 물약은 계절에 상관없이 냉장 보관한다.

⑧ 안약은 개봉 후 1개월 이내에 사용한다.

⑨ 연고는 공기와 닿으면 쉽게 산화되어 변질의 위험이 있으므로 개봉 후 6개월 이내에 사용한다.

⑩ 연고는 손으로 바르면 세균 감염을 일으킬 수 있어 반드시 면봉으로 바른다.

⑪ 약품을 버릴 때 가까운 약국이나 주민센터, 보건소 등에 설치된 폐의약품 수거함에 버려야 환경오염을 막을 수 있다.

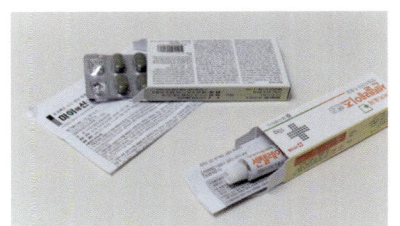

미리 살펴보는 현관 정리 노하우

Preview

 # 현관 정리가 안되는 이유
- 신발장 크기와 가족 수에 비해 신발이 너무 많다.
- 싫증 난 신발부터 불편하거나 오래되어 신지 못하는 신발까지 모두 보관하고 있다.
- 신발장 주변이 신발 외에 우산, 킥보드, 축구공 등 제때 치우지 않은 물건들로 어수선하다.

현관의 정리정돈이 안되는 이유는 신발장 안에 다 들어가지 않을 만큼 신발이 많기 때문이다. 사이즈가 안 맞거나 잘 신지 않는 신발까지 다 간직하고 있지 않은가? 심지어 밖으로 들고 나갈 쓰레기들까지 현관 입구 자리를 차지하고 있다. 어수선한 현관에 익숙해지면 가족들은 신발을 가지런히 두어야 한다는 것조차 잊게 되고 더 정리가 안 되는 공간이 되어 버린다.

현관 정리 노하우 3단계

1단계 깔끔한 공간을 유지하도록 노력하기

2단계 안 신는 신발은 과감히 정리하기

3단계 새 신발을 사기 전에 고민 먼저 하기

1단계 깔끔한 공간을 유지하도록 노력하기

집을 들어가면 가장 먼저 반겨 주는 장소가 바로 현관이다. 그래서 현관문을 열었을 때 무엇이 보이느냐에 따라 그 집의 첫인상이 좌우되기도 한다. 현관은 집의 기운과 에너지가 드나드는 공간이므로 항상 밝고 말끔하게 유지하고 환기가 잘되도록 해야 행복한 기운이 들어온다. 이를 위해 신발은 가지런하게 가족 수만큼만 현관에 두고 신발장에 넣는다. 현관에 들어서는 순간 편안하고 좋은 기분이 들도록 깔끔한 상태를 유지해야 한다.

> **풍수 인테리어 한마디**
>
> 우산, 골프채, 야구방망이 같은 물건은 풍수 인테리어에서는 흉기로 보기 때문에 현관에 두지 않고 반드시 수납장 안에 넣어야 한다. 현관은 집 안의 첫 이미지이자 행복의 기운을 받아들이는 관문이다. 항상 깔끔하게 정리정돈을 잘 유지하면 좋은 기운과 금전운이 상승하게 된다.

▲ 현관에 우산, 시장바구니, 재활용 분리수거 상자 등 잡동사니가 널려 있음

▲ 불필요한 물건을 치우고 가족 수만큼만 신발을 꺼내 정리함

2단계 안 신는 신발은 과감히 정리하기

신발도 패션이다 보니 한 사람이 신발을 여러 켤레 갖고 있다. 이 중에서 신는 신발이 몇 켤레나 될까? 신지 않는 신발들로 신발장이 넘친다면 신발 줄이는 방법을 살펴보자.

❶ 불편한 신발부터 먼저 정리한다

신발을 신었을 때 불편하면 앞으로도 신지 않을 가능성이 크다. 이런 신발은 아무리 새것이라고 해도 과감하게 처분한다.

❷ 아이 신발부터 정리한다

아이는 성장 속도가 매우 빠르다. 봄에 아이 발에 맞는 신발을 샀지만, 가을이 되어 못 신는 일도 있다. 부모 눈에는 예뻐도 아이가 불편해하는 신발은 신으라고 하지 말고 정리하자.

❸ 버리기 어렵다면 방법을 다르게 해 보자

버릴 신발이 없다고 고민만 하지 말고 방법을 다르게 해 보자. 버릴 것부터 골라내는 것이 아니라, 신발장을 다 비운 상태에서 자주 신고 선호하는 신발부터 차례대로 넣는 것이다. 그다음 남은 신발을 정리하면 훨씬 버리기 수월하다.

▲ 정리되지 않고 넘쳐나는 현관의 신발들

발 건강을 위해 오래된 신발은 버리자

신발을 만들 때 사용한 접착제는 시간이 흐를수록 접착력이 약해진다. 몇 번 신지 않은 새것 같은 신발이라도 오래된 신발은 약해진 접착력 때문에 쉽게 변형되고, 이 때문에 발 건강을 해칠 수도 있다. 1년 이상 신지 않은 오래된 신발은 건강을 위해 처분하는 것이 좋다.

3단계 **새 신발을 사기 전에 고민 먼저 하기**

마음에 드는 신발을 발견하여 사고 싶다면 신발장에 들어갈 자리가 있는지를 먼저 확인한 뒤 구매하는 습관을 들이자. 만일 새로 살 신발이 들어갈 공간이 없다면, 먼저 안 신는 신발 두 켤레를 버린다. 그래야 여유롭게 신발을 보관할 수 있다. 그러지 않으면 신발장이 금세 엉망이 되어 버린다.

누구에게나 버리기는 어려운 일이다. 하지만 정리를 위해서 보고 또 보면 며칠 후 신기하게 버릴 신발이 보인다. 그렇게 신발장이 어느 정도 비워지면 정리하기 쉬워지고, 깨끗해진 신발장을 보면 정리하고픈 마음이 더 커진다. 처음에는 뭐든 익숙지 않고 어렵지만, 자꾸 해 보면 된다. 그러면서 수납 노하우가 생기고 정리정돈이 습관화된다. 내게 꼭 필요하고 관리할 수 있을 만큼만 남겨 정돈을 해 보자!

▶ 새 신발을 사기 전에 반드시 신발장 신발을 다시 한번 살펴본 뒤, 버릴 신발을 버리고 나서 구입

정리정돈만큼 중요한 신발장 관리 비법

❶ 비 오는 날에는 현관 바닥에 신문지를 깔아 둔다. 비에 젖은 신발 바닥의 흙먼지를 신문지에 문질러 닦아 준다. 비가 그친 뒤 걷어 내면 현관을 간단히 청소할 수 있다.
❷ 신발 안에 신문지를 구겨 넣어 신발장에 보관하면, 땀으로 인한 곰팡이와 악취를 예방할 수 있다. 비에 젖은 신발은 건조 시간이 단축되고, 변형도 막아 준다.
❸ 신발은 여러 켤레를 번갈아 신어야 곰팡이와 악취를 막을 수 있다.
❹ 신발은 외출에서 돌아온 뒤 흙먼지를 털어내고 신발장 안에 넣는다.
❺ 신발장 안 바닥에 신문지를 깔고 신발을 넣으면, 방충, 방습은 물론 청소도 간편하다.
❻ 녹차 찌꺼기, 원두 찌꺼기, 베이킹소다, 숯 등은 천연 신발장 탈취제로 사용하면 좋다.
❼ 습기와 악취를 예방하기 위해 주기적으로 환기를 시켜주는 것이 매우 중요하다.
❽ 장마철에는 선풍기 바람으로 신발장을 환기하면 더욱더 효과적이다.

현관과 거실 공간 분리는 분명하게

어떤 집은 현관문을 열고 들어섰을 때 현관과 거실이 구분되지 않고 곧장 거실 내부가 보이는 구조가 있다. 이런 경우 현관에 있는 신발이나 다른 물건들 때문에 정리 효과가 떨어진다. 이럴 때는 현관과 거실을 구분하는 가벽을 설치하여 공간을 분리해 주면 좋지만, 비용이 만만치 않다. 그렇다면 가벽 대신 소파를 가릴 정도 높이의 수납장을 배치해 보자. 이 수납장은 공간 분리뿐 아니라 거실에서 사용하는 물건을 수납할 수도 있다. 이때 가구 높이가 어중간하면 시각적으로 답답해 보일 수 있으니 주의해야 한다.

▲ 현관과 거실의 공간 분리가 안 되어 어수선함

▲ 현관과 거실을 구분하는 수납장을 배치함

Before #현관

신발장이 작거나 공간이 부족할 경우 구조 변경이나 큰 신발장으로 교체하면 되지만, 내 집이 아닌 경우라면 이렇게 하기가 쉽지 않다. 사례자의 집은 20년이 넘은 아파트로 집주인이 까다로워 못 하나도 못 박고, 조금이라도 변형을 하면 퇴거할 때 원상복구하기를 원했다. 그래서 기존에 부착된 신발장을 그대로 사용할 수밖에 없었다. 공간 박스를 활용해 신발 넣을 공간을 확보했는데, 이마저도 공간이 부족하여 신발이 신발장 위에도 올려져 있고 현관 여기저기에 널브러져 있었다.

Problem

❶ 신발장 공간이 부족해서 현관 입구에 별도로 신발 정리대를 놓았다.

❷ 신발 수납장 한 공간에 한 켤레만 들어가서 자투리 공간이 많이 남는다.

❸ 신발장은 크지만 못 쓰는 공간이 많은 구조이기 때문에 신발장 밖에 나와 있는 신발이 많다.

❹ 거실문과 신발장 사이에 축구공을 껴 뒀다.

After #현관

신발장을 교체하거나 구조물을 추가로 설치할 수 없어서 수납 방법을 바꾸었다. 그러자 현관 바닥에 있던 신발을 모두 신발장 안에 넣을 수 있었다. 심지어 공간박스 한 개를 줄였는데도 말이다. 창고 같던 신발장 주변을 정리해 공간까지 확보하였다.

Solution

① 가족들이 정리정돈하는 습관을 들이기 위해 각자의 영역을 구분했다.
② 수납 방법을 변경하여 한 켤레씩 보관하던 신발을 두 켤레씩 넣었다.
③ 수납 방법을 변경하여 공간박스 하나를 뺐다. 그리고 가구 높이를 맞춰 시각적인 답답함을 없앴다.
④ 거실문과 신발장 사이에 껴 둔 축구공은 수박 받침대를 이용하여 우산 수납공간에 수납하였다.

수납의 기본 원칙으로 현관 정리하기

연상 수납
신발과 관련되는 소품들을 연상되게 수납한다.

끼리끼리 수납
비옷끼리, 구두닦이 재료끼리, 신발끈과 깔창끼리 분류하여 수납한다.

칸막이 수납
자잘한 물건이 섞이지 않게 우유팩으로 수납 칸막이를 만들어 바구니 안에 설치한다.

세로 수납
작은 물건이라도 가려지는 물건 없이 한눈에 보이도록 세워서 세로 수납한다.

서랍식 수납
빠르게 찾을 수 있도록 바구니를 서랍식으로 사용한다.

이름표 붙이기
제자리에 되돌려 두기 쉽도록 바구니 앞에 이름표를 붙인다.

'끼리끼리 수납'과 '칸막이 수납'을 하는 것만으로도 신발장의 공간 활용도가 높아지고 정리정돈이 쉬워진다. 우유팩으로 수납 칸막이를 만들어 구두약, 구둣솔 등을 섞이지 않게 세로 수납하여 바구니에 담으면 찾기 쉽다. 서랍식 수납에 활용한 바구니에 물건의 자리 식별이 쉽도록 이름표를 붙인다.

1. 연상 수납 & 끼리끼리 수납

집 안을 수선하는 데 필요한 공구는 대부분 신발장이나 현관 수납장에 수납한다. 공구는 집 안의 다양한 물건들을 수리하는 데 사용하므로 이와 관련된 것들을 연상하여 모은다. 그런 뒤 나사끼리, 드라이버나 송곳 같은 연장끼리 종류별로 분류하여 수납한다.

▲ 연상 수납 & 끼리끼리 수납

2. 칸막이 수납 & 세로 수납

종류별로 분류한 물건은 수납 칸막이로 칸을 나눈다. 기성 제품 수납 칸막이가 공간에 적합하지 않다면 우유팩이나 과자 상자 등을 수납 칸막이로 재활용한다. 이렇게 나누어진 칸마다 물건을 세워서 세로 수납하면 편리하다.

▲ 칸막이 수납 & 세로 수납

3. 서랍식 수납 & 이름표 붙이기

신발장의 남는 공간에 수납 바구니를 사용하여 작은 소품들을 수납하였다. 긴 수납 바구니를 서랍처럼 사용하면, 안쪽에 있는 물건까지 보이기 때문에 꺼내 사용하기가 편리하다. 수납함을 사용하는 경우 칸막이마다 이름표를 붙여 열어보지 않아도 쉽게 찾을 수 있도록 했으며, 종류별로 구분한 나사 통에도 이름표를 붙였다.

▲ 서랍식 수납

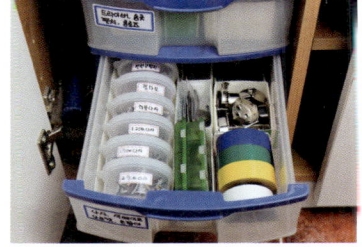
▲ 이름표 붙이기

신발장에 가족들의 지정 공간 만들기

신발장을 정리할 때 가장 좋은 방법 중 하나가 바로 가족 구성원 각자의 지정 공간을 만드는 것이다. 신발을 계절별로 분류하여 한 켤레라도 더 넣을 수 있도록 공간을 짜임새 있게 사용하는 방법도 있지만, 가족들의 공간을 분명하게 나누어 주고 스스로 관리하게 하는 것이 더 효율적이다.

지정 공간이 있으면 현관 바닥에 널크러져 있는 신발을 각자 자신의 칸에 스스로 챙겨 넣는 습관이 생긴다. 구역을 정할 때 가족의 키를 고려하고, 사용 빈도에 맞춰 자주 신는 신발을 두면 유리하다. 사례자의 경우 딸이 해외 유학 중이어서 자주 사용하지 않는 높은 자리를 지정해 주었다.

Before #1

After #1

두 배로 넓게 쓰는 현관 수납공간 활용 노하우

1. 다양한 슈즈렉으로 좁은 공간 넓게 사용하기

신발 한 켤레를 2단으로 놓는 슈즈렉을 이용하면 남은 공간을 200% 활용할 수 있다. 신발 높이에 따라 높낮이를 조절할 수 있는 제품을 선택하면 더 편리하다.

2. 신발장 안에 부츠 보관하기

롱부츠와 레인부츠는 길이감이 있어 많은 공간을 차지한다. 그래서 부츠를 접어서 보관하는 경우도 있는데 가죽에 상처가 생길 수 있으니 주의해야 한다.

▲ 쇼핑백 손잡이 위치를 옆으로 바꿔 서랍식으로 사용

▲ 넓은 공간에 부츠 한 켤레씩만 두어 자투리 공간이 많이 생김

▲ 쇼핑백으로 만든 수납 도구를 활용해 한 칸에 부츠 두 켤레를 수납

3. 신발 방향을 지그재그로 수납하기

대부분 신발장 안 신발을 같은 방향으로 놓는다. 그러나 고정관념에서 벗어나 신발을 앞뒤로 방향을 바꾸어 넣으면 마법 같은 공간이 생긴다. 여성용 구두는 앞뒤로 두면 구두의 디자인과 굽을 한번에 파악할 수 있다.

▲ 운동화가 한 켤레밖에 들어갈 수 없는 공간

▲ 운동화 방향을 앞뒤로 해서 넣으면 한 칸에 두 켤레가 들어감

▲ 공간이 미세하게 모자라면, 신발 한쪽은 앞으로 당기고 한쪽은 뒤로 밀어 교차함

4. 우산 수납공간 200% 활용하기

신발장 수납공간은 신발만 수납하기에도 턱없이 부족한데, 긴 우산을 보관하면 죽은 공간이 많이 생겨 좋지 않다. 이 공간을 2~3배 알차게 활용하는 방법을 알아보자.

❶ 벽면에 네트망 활용하기

벽면에 네트망(철망)을 부착하여 바구니를 설치하고, 신발 선반에 두었던 비옷, 줄넘기, 구두약 등을 모아 수납하면 비워진 공간에 신발을 더 수납할 수 있게 된다. 우산 수납공간에 조리도구 걸이를 천장에 부착한 뒤 접이용 우산을 걸었다. 우산과 연관되는 장화는 높이가 있어 선반 2~3칸을 차지한다. 하지만 서류꽂이를 이용하여 포개어 수납하면 적은 공간에 여러 켤레를 놓을 수 있다.

▲ 우산을 그냥 넣어 두어 정리도 안되고, 공간 활용도 제대로 못함

▲ 벽면에 네트망을 설치하여 공간 활용

❷ 신발장 추가 선반 활용하기

신발장의 넓은 공간에 긴 우산만 수납하는 것은 비효율적이다. 빈 공간에 선반을 추가 설치하고, 신발장 윗면에 조리도구 걸이를 부착하여 접이용 우산을 걸었다. 재활용 상자 안에 긴 우산을 세워 신발장 벽면 쪽에 수납한다. 또 서류꽂이를 이용하여 부츠 한 켤레를 수납할 수 있는 공간에 두 켤레를 수납하였다. 그러자 장화, 미들 부츠, 롱부츠까지 추가 수납할 수 있게 되었다.

▲ 벽면에 네트망과 선반을 추가 설치

▲ 윗면기 조리도구 걸이 부착

▲ 서류꽂이에 장화 한 켤레씩 수납

❸ 조리도구 걸이 활용하기

걸어서 보관하기 힘든 긴 우산과 야구방망이는 손잡이가 있는 두유 상자를 재활용하여 세워 수납했다. 그 옆에는 부엌 선반에 끼우는 조리도구 걸이를 신발장 선반에 끼워 우산을 걸었다. 그리고 남은 공간에는 롱부츠와 같은 다른 물건을 수납하였다.

▲ 손잡이가 있는 상자를 세워 긴 우산을 수납

▲ 선반에 조리도구 걸이를 끼워 우산을 걸어서 수납

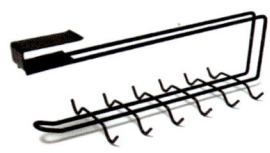
• 수납 도구 제품명 – 키친툴걸이

> **TIP** 접이용 우산은 보관용 우산 집을 버리는 경우가 많은데, 줄넘기를 감아 보관하는 데 활용하면 좋다.

재활용품 아이디어와 가성비 살림 노하우 … 현관

재활용품 아이디어 1

신발 상자로 슈즈렉 만들기

1. 신발 상자의 한쪽 면을 풀어 안쪽으로 접는다.

2. 신발을 넣어 크기를 확인한다.

3. 신발이 커서 들어가지 않을 땐 한 짝씩 앞뒤를 반대로 넣는다.

4. 신발 상자 뚜껑을 덮고 그 위에 다른 신발을 두면 자투리 공간을 활용할 수 있다. 사용 빈도가 낮은 신발을 상자 안에 넣은 것이 좋다.

 어떤 물건을 현관 수납 도구로 사용하면 좋을까?

네트망, 네트용 바구니, 수박 받침대, 신발 정리대, 다용도 언더선반

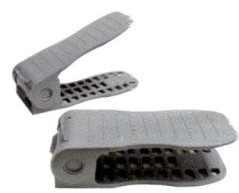

재활용품 아이디어 2

컵라면 상자로 슈즈렉 만들기

1. 상자의 한쪽 면만 분리한다.

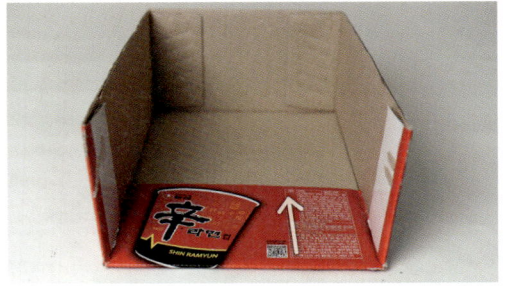

2. 분리한 상자를 안쪽으로 접어 고정한다.

3. 상자를 엎으면 슈즈렉이 된다.

4. 공간 박스 윗줄은 신발 정리대로, 아랫줄은 컵라면 상자를 재활용해 수납하였다.

페트병으로 신발 정리대 만들기

1.5ℓ 페트병으로도 신발 정리대를 만들 수 있다. 아이 신발, 여성용 신발 같은 볼이 좁은 신발 정리대로 유용하다. 사진처럼 페트병을 한쪽면만 잘라 낸다. 그리고 뒤집어서 신발을 넣어준다. 이때 페트병 옆면을 반 정도 남겨 두고 잘라야 신발 무게를 지탱한다.

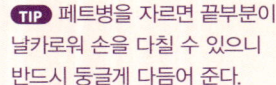 **TIP** 페트병을 자르면 끝부분이 날카로워 손을 다칠 수 있으니 반드시 둥글게 다듬어 준다.

재활용품 아이디어 3
쇼핑백으로 부츠 보관함 만들기

1. 쇼핑백의 손잡이 끈을 빼고, 미들 부츠나 신발장 높이에 맞춰 선을 표시한다.

2. 표시한 선을 따라 쇼핑백을 접는다. 이때 접은 선이 선명해지도록 꾹꾹 눌러야 깔끔하다.

3. 접은 곳을 다시 펼치고 접힌 선에 맞춰 안으로 접어 넣는다. 처음부터 선이 선명하도록 세게 접어야 이 과정이 수월하다.

4. 빼 두었던 손잡이 끈을 옆쪽에 구멍을 내서 달아 준다. 그 아래에 이름표를 붙인다.

5. 롱부츠가 신발장 높이와 맞지 않아 접어서 보관하면 모양이 변형될 수 있다. 모양 변형을 닦고 방충, 방습을 위해 신문지를 부츠 안에 넣어 준다.

TIP 쇼핑백 대신 서류꽂이를 부츠 보관함으로 활용할 수도 있다.

재활용품 아이디어 4

자잘한 나사못 수납하기

공구함에 굴러다니는 나사못은 클레이 통이나 납작한 용기를 사용하여 크기와 종류별로 분류하여 수납한다. 나사 통은 우유팩을 재활용해 수납하였다.

재활용품 아이디어 5

달력으로 차단기 가리기

어느 집이나 현관 입구 벽면에 전기 차단기가 있다. 차단기를 보기 싫으면 액자로 가리거나, 달력의 그림 부분만 걸어 가리면 매달 뜯어내며 변화를 줄 수 있다.

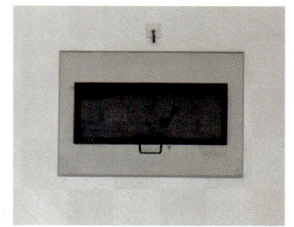 

재활용품 아이디어 6

납작 상자로 우산 수납 도구 만들기

긴 우산을 신발장에 그냥 세워 보관하면, 기울어지고 서로 엉켜 꺼내기가 불편하다. 공간도 많이 차지해 다른 물건을 함께 두기도 힘들다. 이럴 땐 납작한 상자를 잘라 2~4개를 붙여 우산을 보관하면 기울거나 섞이지 않는다. 배드민턴 채와 야구방망이도 보관할 수 있다.

 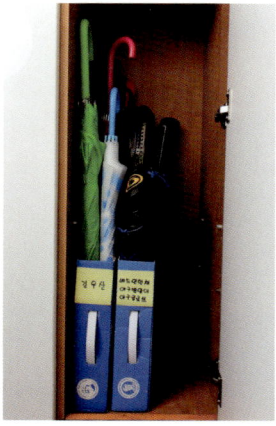

가성비 살림 노하우 1

신문지로 신발장 관리하기

신발장은 신던 신발이나 젖은 신발 등을 보관하기 때문에 항상 세균에 노출이 되어 있다. 습기와 벌레를 막으려면 신발장 바닥 면에 신문지를 깔아 준 뒤 신발을 보관하면 된다. 신문지는 습기를 없애는데 탁월하고 벌레가 신문지의 잉크 냄새를 싫어하기 때문에 방충 효과가 있다. 선반에 신문지를 깔고 그 위에 신발을 놓으면 흙 묻은 신문지를 걷어 내기만 하면 되기 때문에 청소하기가 매우 수월하다.

가성비 살림 노하우 2

신문지로 신발 관리하기

신문지는 쓰임새가 많은 재활용 도구이다. 쇼핑백에 롱부츠를 넣어 보관하면 발목 윗부분이 힘이 없어 쓰러진다. 이런 경우 신문지를 돌돌 말아 롱부츠에 넣어 주면 지지대 역할과 방충, 방습을 한 번에 할 수 있다. 비에 젖은 신발은 잘 마르지 않기 때문에, 다음날 다시 신기가 어렵고 세균이 번식하기도 쉽다. 이때도 신문지를 뭉쳐서 신발 안에 넣어 주면 신문지가 물기를 흡수해 빠르게 마르고 신발 모양도 변하지 않는다.

TIP 겨울에 신었던 부츠를 보관할 때 반드시 통풍이 잘 되는 그늘에서 말려야 한다. 그래야 부츠 안의 곰팡이 번식을 예방할 수 있다. 부츠 안에 지지대로 페트병을 넣어 두기도 하는데, 통풍이 안 되면 오히려 곰팡이가 생길 수 있으니 주의한다.

가성비 살림 노하우 3

가죽제품의 수명을 늘려 주는 핸드크림

가죽제품은 사용하고 난 뒤 보관이 매우 중요하다. 어떻게 보관하는가에 따라 가죽의 수명이 좌우되는데, 핸드크림은 가죽 전용 크림처럼 수분과 유분이 함유되어 있다. 또 얼룩 제거와 표면 코팅 기능이 있어 광택뿐만 아니라 오염 방지 효과까지 있다. 핸드크림으로 관리 가능한 가죽제품을 식별하는 방법은 가죽제품의 한쪽 귀퉁이에 물 한 방울을 떨어트리는 것이다. 물방울이 스며들지 않으면 가공된 가죽으로 핸드크림을 사용할 수 있다. 물방울이 스며들면 핸드크림을 사용할 수 없다.

가성비 살림 노하우 4

장마철 우산 관리법

장마철에는 사용한 우산을 제대로 말리지 않으면 세균 번식은 물론 우산살이 녹슨다. 그래서 젖은 우산을 말릴 때 우산 꼭지를 아래로 향하게 두면, 빗물이 꼭지 쪽으로 고여 우산살에 녹이 생기기 쉽다. 우산의 물기를 뺄 때는 손잡이를 아래로 향하도록 한다. 우산을 햇빛에 말리면 방수 효과가 떨어질 수 있으므로 어느 정도 물기를 뺀 후 활짝 편 채 통풍이 잘되는 그늘에서 말리는 것이 좋다.

가성비 살림 노하우 5

자투리 공간 200% 활용법

우산 수납공간의 선반 아래에 빈 공간이 생긴다면, 선반에 걸칠 수 있는 '다용도 언더선반'을 설치해 보자. 선반용 바구니에 접이용 우산, 신발 깔창, 신발 끈 등을 수납할 수 있다.

손쉬우면서 효과 만점인 운동화 세탁법

가성비 살림 노하우 6

1. 아동 운동화나 면 소재 캔버스 운동화를 두꺼운 비닐봉지에 약 30℃ 미온수를 넣어 중성세제와 베이킹소다를 1스푼씩 희석한 뒤 담근다.

   TIP 과탄산소다를 넣으면 때가 더 잘 지워진다.

2. 운동화 내부까지 세제가 골고루 밸 수 있도록 비닐봉지의 공기를 뺀 후 윗부분을 묶고 10~15분 정도 불려 준다.

   TIP 너무 오래 담그면 운동화의 접착력이 떨어지거나 탈색될 수 있으므로 주의한다.

3. 부드러운 솔을 사용해 운동화 안쪽 구석구석까지 깨끗이 닦아 준다. 고무 부분의 심한 얼룩은 치약으로 닦으면 더 깔끔해진다.

   TIP 억센 솔은 신발의 약한 부분을 손상시킬 수 있으니 부드러운 솔로 세탁한다.

4. 마른 수건으로 운동화를 감싼 후 세탁망에 넣어 탈수하면 건조 시간을 단축할 수 있다.

   TIP 수건으로 감싸 탈수하면 마찰로 인한 손상도 방지된다.

5. 운동화는 깔창 등을 분리하여 바람이 잘 통하고, 그늘진 곳에서 말린다.

   TIP 선풍기나 드라이기로 말려 주면 건조 시간을 더 단축할 수 있다.

미리 살펴보는 아이방 정리 노하우

Preview

 # 아이방 정리가 안되는 이유

- 정리가 안된다기보다 방법을 몰라서 못한다.
- 아이가 치울 때까지 기다리지 못하고 부모가 먼저 정리하기 때문에 아이는 정리정돈의 필요성을 느끼지 못한다.
- 아이 나름대로 열심히 정리정돈을 했지만, 부모가 만족하지 못하고 잔소리해서 정돈 자체가 싫어진다.

아이는 정리를 하지 않는 것이 아니다. 정리정돈에 대한 필요성과 중요성, 방법을 잘 모를 뿐이다. 부모는 어른 기준으로 아이가 정리정돈하기를 바라며 아이에게 싫은 소리를 한다. 아이에게 잔소리하기 전에 정리정돈이 습관이 되도록 해주면 된다. 정리정돈을 하면 어떤 편리함이 있는지 차근차근 이해시키고 부모가 먼저 솔선수범하면 아이는 자연스레 따라 하게 된다.

아이방 정리 노하우 3단계

1단계 — 부모가 정리정돈의 본보기가 되어야 한다

2단계 — 물건 자리는 아이 의견에 따라 정한다

3단계 — 아이 스스로 정리정돈할 때마다 칭찬으로 자신감을 키워 준다

1단계 부모가 정리정돈의 본보기가 되어야 한다

'우리 아이는 누굴 닮아서 저렇게 정리정돈을 못할까?'라는 생각이 들지도 모른다. 아이가 정리정돈을 못한다면, 그건 부모의 책임도 있다. 아이들은 자라는 동안 부모의 말과 행동을 보고 학습한다. 그래서 정리정돈을 가르치려면 아이 스스로 보고 배우고 익힐 수 있는 환경을 만들어 주어야 한다. 사용한 물건을 항상 제자리에 갖다 두고, 깔끔한 환경을 만드는 것에 대해 본보기를 보여 주자. 아이의 참여를 유도하면, 아이가 자연스레 정리정돈 습관을 가지게 된다.

아이가 해야 할 정리정돈을 부모가 해 주지 말아야 한다

아이가 어질러 놓은 공간을 부모가 대신 치워 주지는 않았는지를 생각해 보자. 부모가 아이방을 자주 정리해 주면 아이는 본인이 치우지 않아도 된다고 생각하거나 무감각해진다. 또 아이가 나름대로 치운다고 치웠지만, 부모가 다시 정리하면 자신이 잘하지 못한다는 생각에 정리정돈 자체를 꺼릴 수 있게 된다. 아이에게 어른들이 한 것 같은 정리 수준을 기대하면 안 된다. 이제 아이를 위해서라도 개인 비서 역할은 그만두자. 처음에는 사용한 물건을 제자리에 갖다 두는 습관부터 들이기 시작하면 된다. 아이에게 혼자서도 주변을 정리정돈을 할 수 있도록 충분한 시간을 제공하고 부모가 인내심과 끈기를 가지고 기다려 주는 것이 좋다. 아이는 자신의 주변 환경을 정리정돈하고 관리하는 과정을 통해 자립심을 키울 수 있다.

2단계
물건 자리는 아이 의견에 따라 정한다

유용한 정리정돈 방법이라도 아이의 성향과 눈높이에 맞지 않으면 아무 소용없다. 아이의 성향에 상관없이 부모 마음대로 아이방을 정돈하면 아이는 정리정돈을 제대로 유지할 수 없다. 특히 사춘기 아이라면 자신의 물건과 공간을 침해받는다고 생각해 거부감만 커질 것이다. 자기 주도적인 정리정돈 습관을 기르기 위해서는 아이와 충분히 의논한 후 선택권을 주는 것이 중요하다.

새로운 물건이 생기거나 물건의 위치를 바꿔야 한다면, 먼저 아이에게 물건 자리를 결정하게 하고 부모는 조언만 건네도록 하자. 아이 의견이 반영된 공간일수록 아이 스스로 관리하고 유지하려고 한다. 물건의 자리를 함께 정했으니 아이가 기억하기 좋고, 스스로 물건을 제자리에 돌려 두는 습관도 가지려 노력할 것이다.

반복 연습을 통해 '정해진 자리'가 있다는 것 알려 주기

물건을 제자리에 두는 것은 습관이다. 아이의 눈높이에 맞는 교육으로 정리 습관이 자연스럽게 몸에 배도록 해야 한다. "아빠가 집에 오면 차를 항상 우리 집 주차장에 잘 두고 오시지? 우리도 가지고 논 장난감들을 자기 집에 잘 데려다주자."라며 정리 습관을 놀이처럼 인식하게 하자. "공룡들은 어디로 데려다줄까?", "병원 놀이 집은 어디였더라?" 이런 질문을 통해 물건의 정해진 자리를 기억하도록 해야 한다. 반복 연습을 통해 사용한 물건은 당연히 제자리에 두어야 한다는 사실을 자연스럽게 익히도록 해야 한다.

3단계: 아이 스스로 정리정돈할 때마다 칭찬으로 자신감을 키워 준다

아이에게 정리정돈은 힘들고 귀찮고 하기 싫은 일이다. 아이 나름대로 정리정돈을 한다고 했지만 서툴고 어수선한 것이 당연하기 때문에 어른이 한 것처럼 깔끔하기를 기대하면 곤란하다. 어른의 눈으로 볼 때 어설프더라도 아이의 눈높이를 생각해 "수고했다."라는 칭찬을 꼭 해 주자. 일단 물건을 제자리에 갖다 두는 것부터 시작해 자신감을 키워 주며 점차 단계를 높여 가자.

"장난감이랑 놀다가 집으로 데려다주지 않아서 장난감들도 엄마도 속상했었는데, 오늘은 장난감 친구들을 집으로 잘 데려다주니 방안이 깨끗해졌네? 장난감들도 집에서 편하게 쉴 수 있겠다." 아이에게 정리정돈을 가르치려면, 부모는 인내와 끈기가 필요하다. 습관이 바뀌는 데 시간이 걸리더라도 인내와 여유를 가지고 기다려야 한다. 또 아이 스스로 정리정돈하는 변화된 모습을 보이면, 꼭 격려와 칭찬을 해 주자. 깨끗해진 공간을 자신이 만들었다는 뿌듯함에 아이도 조금씩 변하기 시작할 것이다.

수납공간마다 종류별로 구분하도록 알려 주기

"여기는 인형, 여기는 소꿉놀이 집이야. 다 놀았으면 여기 집으로 데려다줘." 장난감 바구니마다 들어갈 물건의 이름표를 붙여 주고, 아이가 기억하기에도 한눈에 찾아내기도 쉽게 구역을 나눠 주자. 이때 너무 세세하게 구분하면 아이가 혼란스러워한다. 자주 가지고 노는 장난감은 앞쪽이나 꺼내기 쉬운 위치에 둔다. 제자리에 두기 불편하고 꺼내기 어렵다면, 아이가 정리정돈에 대해 부담감을 느낀 나머지 그 장난감은 꺼내지 않을 수도 있다. 아이가 글씨를 모를 때는 사진을 붙여 두는 것도 좋다.

Before #아이방

초등학생 딸의 방과 베란다에는 발 디딜 틈도 없이 책과 장난감이 가득했다. 심지어 나이에 맞지 않는 장난감도 눈에 많이 띄었다. 정리가 안 된 베란다를 커튼으로 가렸지만, 압정으로 고정되어 있어 양쪽으로 젖혀지지 않아 베란다로 출입하기 불편했고, 방도 답답해 보였다.

Problem

① 어수선한 베란다를 가리기 위해 고정한 커튼이 오히려 더 답답해 보이고 불편한 장애물이 되었다.

② 아이방의 베란다에 잡동사니를 쌓아 놓아서 발 디딜 틈조차 없이 빡빡하다.

③ 필요할 때마다 구입한 책꽂이는 색상과 크기, 모양이 달라 통일감이 없고 어수선해 보인다.

After #아이 방

아이는 잘 갖고 놀지 않는 장난감도 처분하기 싫어했다. 그래서 자주 갖고 노는 장난감만 보이도록 수납하고, 나머지 장난감은 붙박이장 안에 수납했다. 압정으로 고정했던 커튼은 커튼봉을 설치하여 움직일 수 있게 걸어 주었다. 책장은 위치를 바꾸고, 큰아이와 작은 아이가 선호하는 책들로 구분하여 배치했다. 그러자 방 분위기가 밝아지고, 정리가 되니 아이의 정리정돈 습관도 조금씩 바뀌기 시작했다.

Solution

① 고정된 커튼에 커튼봉을 설치해서 보이지 않던 베란다를 볼 수 있게 하였다.
② 당장 가지고 놀 장난감을 제외하고, 나머지는 수납장 안에 수납했다. 책장을 재배치하자 베란다가 아이의 안정된 공간으로 재탄생되었다.
③ 안쪽에 높이가 높은 책장을 놓고 바깥으로 갈수록 낮은 책장을 두었다. 같은 가구를 재배치만 잘해도 정리정돈 효과가 높다.

수납의 기본 원칙으로 아이방 정리하기

연상 수납
연상되는 학용품을 모아 준다.

끼리끼리 수납
연필, 색연필, 사인펜 등으로 분류하여 끼리끼리 모아서 수납한다.

칸막이 수납
수납 물품이 쓰러지지 않도록 수납 칸막이를 만든다.

세로 수납
쉽게 찾을 수 있도록 세로 방향으로 세워서 수납한다.

서랍식 수납
책장 내부 안쪽까지 쉽게 관리할 수 있도록 서랍식 수납한다.

이름표 붙이기
쉽게 찾을 수 있도록 수납 상자에 이름표를 붙인다.

부모는 자녀에게 원하는 것이 있다면, 아이가 반감 없이 따라올 수 있도록 환경을 마련해 주고, 칭찬과 조언을 통해 스스로 할 수 있게 도와야 한다. 정리정돈도 마찬가지다. 부모가 먼저 시범을 보여 주고, 아이에게 정리정돈이 왜 필요한지 어떻게 해야 편리한지 비교하며 설명해 준다. 예를 들어, 문구 상자를 눕혀 포개 두는 것과 세워 두는 것을 비교하며, 어떤 차이가 있는지 왜 차이가 생기는지 대화를 나누면 쉽게 이해하고 따라 하게 될 것이다.

1. 연상 수납 & 끼리끼리 수납

연관되는 물건을 모은 뒤, 책장 칸마다 구역을 나눈다. 그리고 학습지끼리, 학용품끼리, 퍼즐게임끼리 끼리끼리 모아 자리를 잡는다. 아이가 사용하는 책장에 아이 물건들만 모아 주면, 아이 스스로 책임 의식을 갖고 유지하기 위해 노력할 것이다.

▲ 연상 수납 & 끼리끼리 수납

2. 칸막이 수납

우유팩과 사각 요구르트병을 잘라 수납 칸막이를 만들면, 물건들을 종류별로 분류하기도 세워 수납하기도 쉽다. 기성 제품 수납 칸막이를 사용해도 되지만, 원하는 제품이 없다면 우유팩 등으로 재활용하여 만들면 훨씬 요긴하다.

▲ 칸막이 수납

3. 세로 수납

책꽂이에 물건을 포개면 더 많이 수납할 수 있지만, 아래에 있는 물건을 꺼내거나 찾기 어려워 불편하다. 이런 경우, 물건을 책처럼 세로로 세워서 수납하면 쉽게 꺼내 사용할 수 있다.

▲ 세로 수납

4. 서랍식 수납

책장 선반에 학용품들을 수납할 경우, 뒤에 있는 물건은 앞에 있는 물건에 가려진다. 이럴 땐 수납 바구니를 서랍처럼 사용하여 수납하면 뒤에 있는 학용품도 눈에 잘 보이고 꺼내기도 쉽다.

▲ 서랍식 수납

5. 이름표 붙이기

이름표는 물건의 지정석을 알려 주는 팻말 역할을 한다. 이름표를 붙여 주면 상자 안에 어떤 물건이 들어 있는지, 선반에 보관 중인 물건이 어떤 종류인지 알 수 있고, 이를 통해 정리정돈하는 습관을 들일 수 있다.

> **TIP** 아이가 사용한 뒤 제자리에 두기 쉽도록 책장 선반에도 이름표를 붙여 둔다. 그러면 정리정돈 습관을 들이는 데 도움이 된다.

▲ 이름표 붙이기

두 배로 넓게 쓰는 아이방 수납공간 활용 노하우

1. 책상 서랍 공간 활용의 차이점 알려 주기

아이가 사인펜, 색연필, 연필 등 필기구만 모아 정돈한 뒤 가로로 눕혀 수납했다. 눕혀서 수납하면 아래에 있는 물건은 잘 보이지 않고, 꺼내기가 어려워진다. 그래서 길이 순서로 세로 수납하면 공간 활용이 달라진다는 것을 알려 주었다. 또 세로 수납할 때 물건이 쓰러지지 않도록 칸막이를 사용하는 방법도 알려 주었다. 아이는 자신의 의견과 부모의 의견을 비교하고 경험하면서 공간 인지 능력도 넓혀 가게 된다. 그리고 다른 서랍도 혼자서 정돈할 수 있는 자신감이 생긴다.

❶ 연필, 색연필, 사인펜을 모아 아이에게 분류시켰다. 아이는 모든 연필을 가로로 눕혀서 서랍 안에 넣었다.

❷ 세로로 세워 수납하게 했다. 물건을 눕히면 아래 물건이 잘 보이지 않으니 세로로 세워 넣어 보도록 유도한다. 눕혔을 때와 세워서 보관할 때의 차이점을 스스로 느끼게 해 준다.

❸ 세로로 세운 후, 길이순으로 배열하면 공간 활용이 또 달라진다는 것을 직접 체험하게 한다.

❹ 아이는 물건을 세워서 넣으니 쓰러진다고 할 것이다. 이때 수납 칸막이를 사용하면 수월하다는 것을 알려 준다.

2. 책장의 숨은 공간 찾기

아이 성장에 따라 책과 장난감을 계속 사 주지만, 보관할 수 있는 공간은 한정적이어서 어느 순간부터 정리정돈이 어렵고 힘들어진다. 아이가 다시 사용할 자료나 교재들은 책장의 숨은 공간을 활용하여 수납할 수 있다.

❶ 2줄로 수납하여 남은 공간 활용하기

책장에 책을 꽂고 앞쪽 공간이 남으면 이 공간에 무언가를 자꾸 얹게 된다. 그러면 책 빼기도 불편하고 책장도 어수선해진다. 자주 보지 않는 책이라면 2줄로 수납하면 된다. 책장의 숨은 공간도 활용하면서, 앞 공간에 잡다한 물건을 올리지 못하여 깔끔해 보인다.

❶ 책을 수납한 뒤, 앞쪽에 남는 공간에 장난감을 두어 책을 꺼내기가 불편하다.

❷ 두유 박스 같은 종이상자를 세로로 이등분하여 책장 안쪽 양 끝에 넣으면, 앞쪽 줄에 책을 가지런하게 꽂을 수 있다.

❸ 자주 읽지 않는 책이나 보관하는 자료를 이 상자에 넣어 책장 안쪽에 둔다. 무슨 물건을 두었는지 기억 못할 수 있으므로 상단에 반드시 이름표를 붙인다.

❹ 앞줄에 다시 책을 수납한다. 2줄 수납과 1줄 수납한 칸을 보면 앞쪽에 남는 공간을 비교할 수 있다.

❷ 작은 책을 꽂고 남은 공간 활용하기

책 크기가 같은 전집을 꽂는 것이 아니라면 책꽂이에 빈 공간이 많이 생긴다. 특히 DVD나 DVD 크기의 작은 책은 꽂아 놓으면 더 많은 공간이 남는데, 여기를 실속 있는 수납공간으로 활용할 수 있다.

❶ 작은 책이나 교육용 DVD를 책꽂이에 보관하면 자투리 공간이 많이 남는다.

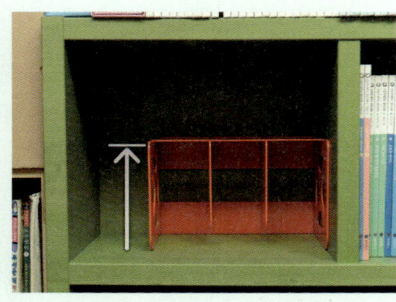

❷ 작은 책꽂이를 바닥 면이 위로 올라오게 뒤집어 놓는다.

❸ 엎어 놓은 책꽂이에는 작은 책을 기존대로 꽂는다.

❹ 위에 남은 공간에도 작은 책들을 꽂아 2단으로 수납하면 공간을 알차게 사용할 수 있다. 위쪽에 수납한 책이 쓰러지려고 하면 작은 북스탠드로 세워 준다.

읽고 싶은 책을 빠르게 찾을 수 있도록 정리하기

책장에 책을 수납하는 방법은 여러 가지가 있다. 전집의 경우 분실되는 책을 빨리 파악하기 위해 번호 순서대로 꽂아 정돈한다. 사회, 과학 도서는 가나다순으로 꽂으면 바로 찾을 수 있다. 읽은 책을 거꾸로 꽂아 두면 읽은 책을 빠르게 파악할 수 있고 편독을 완화할 수 있다.

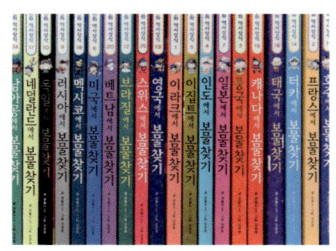

3. 책상의 책장 선반 아래 자투리 공간 활용하기

책상의 책장 가장 아래 선반에는 큰 책을 꽂고, 큰 책이 많지 않으면 작은 학용품을 정리할 수 있도록 한다. 남는 공간은 다양하게 활용이 가능하다.

❶ 책상 위 책장에 책을 정리한 뒤, 선반 아래에 자투리 공간이 많이 생겼다.

❷ 자투리 공간을 200% 활용하기 위해 선반에 걸칠 수 있는 전용 바구니를 끼웠다.
- 수납 도구 제품명 –
  다용도언더선반, 선반아래 바구니

❸ 손잡이가 있는 종이상자를 재활용하여 바구니에 넣어 서랍 방식으로 이용하면 더 편리하다. 종이상자에 아이들이 좋아하는 스티커를 모아 수납하고 이름표도 붙였다.

> **다양한 책장 활용법**

아이방의 세 벽면에 책장이 있어도 책이 너무 많아 공간이 부족했다. 그러다 보니 여기저기 책이 방치되어 아이들의 책에 대한 관심이 떨어졌다. 그래서 큰 창문이 있는 벽은 창문을 가리지 않도록 책장을 가로로 눕히고 그 위의 양쪽 끝에 북스탠드를 사용해 책을 수납했다. 덕분에 바닥에 있던 책을 꽂을 수 있는 공간이 확보되었다.

▲ 책장보다 책의 양이 많아 여기저기 책이 방치

▲ 창문이 있는 벽면에는 책장을 가로로 눕히고, 책장 위 양쪽 끝에 북스탠드를 세워 책이 쓰러지지 않도록 함

4. 아이가 스스로 정리할 수 있는 환경 만들어 주기

아이가 방 정리도 공부도 제대로 안 한다면, 아이를 탓하기 전에 스스로 할 수 있는 환경을 만들어 주었는지 되돌아봐야 한다. 학습과 거리가 먼 물건은 버리고, 사용할 교재와 학용품만 남긴다. 책상과 책장 사이에 공간이 생기지 않도록 바짝 붙였더니, 물건을 수납할 수 있는 공간이 생겼다. 책상 아래가 잡다한 물건들로 복잡해지는 것을 막기 위해, 작은 책장을 눕혀 2단으로 책을 꽂았다. 책상 아래에는 아직은 보지 않는 미리 물려받은 책들을 꽂아 두었다.

▲ 책장과 책상 사이에 잡다한 물건들

▲ 복잡한 물건들을 정리하여 공간을 활용

책상 옆 3단 책장에는 의자에 앉아 손만 뻗으면 닿는 위치에 교과서와 학습지를 수납했다. 현재 공부하고 있는 영어 교재, 학습지, 교과서, 문구용품끼리 종류별로 나누어 수납했다. 문구용품을 수납한 미니 서랍장에는 이름표를 붙여 사용 후 제자리에 갖다 두도록 유도했다.

▲ 미니 서랍장에 이름표 붙이기

▲ 종류별로 영역을 나누어 수납

TIP 공부하려고 책상에 앉아서는 책상 정리부터 한다고 시간을 보내는 아이들이 있다. 이런 경우, 책상 옆에 큰 바구니를 두어 공부 시작 전 불필요한 물건을 바구니에 담아 두었다가, 공부가 끝난 뒤 정돈을 시작하게 하면 된다.

책상 주변을 정리정돈하기 위한 규칙

학습에 필요한 물건이 무엇인지 아이와 의논하여 스스로 책상을 정리정돈할 수 있도록 도와주자. 이때 몇 가지 규칙을 아이와 함께 정하면 자신이 만든 규칙이기 때문에 보다 잘 정리할 수 있다.

규칙 ❶ 책상 주변에는 공부와 상관없는 물건을 없애고 당장 필요한 교재와 물건만 꺼내 놓는다.
규칙 ❷ 공부가 끝나고 사용했던 교재는 다시 지정석에 갖다 놓는다.
규칙 ❸ 교과서, 학습지, 공책, 학용품 등을 한눈에 찾기 쉽도록 자리를 명확하게 구분해 둔다.

5. 아이가 실천하기 쉬운 정리정돈 방법

나이와 성향 등을 고려하여 아이 눈높이에 맞는 정리정돈 방법을 찾는 것이 좋다. 초등학교 저학년이라면 세세하게 분류하는 것보다, 인형, 자동차, 블록 등 종류별로 큼직하게 분류하는 편이 좋다.

❶ 장난감은 간단하고 크게 나누어 분류하기

인형, 장난감 자동차, 로봇 등을 크게 구분하여 수납 바구니에 넣는다. 비록 바구니 속은 엉망이라도 이름표대로만 들어 있으면 된다. 오히려 수납 칸막이로 세분화시키면 아이는 어려워한다.

▲ 장난감 수납 바구니에 이름표 붙이기

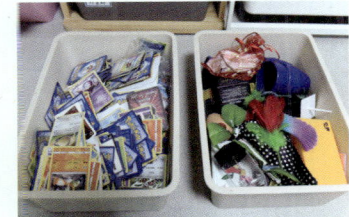
▲ 장난감을 크게 분류하여 수납

❷ 아이가 사용할 수 있는 수납 도구를 선택하기

책장에 중간 칸막이가 없어 세워 둔 책이 계속 쓰러지면, 아이는 책이 쓰러지지 않도록 유지하는 것이 힘들어서 책 정리를 포기하게 된다. 이런 경우 책꽂이와 북스탠드 같은 도구를 마련해 주면 아이가 책 정리하는 데 도움이 된다.

▲ 중간 칸막이가 없어 쓰러지는 책들

▲ 북스탠드를 세움

❸ 제자리에 되돌려 두기 쉽도록 여유 공간 남기기

아이들 책장은 아무리 정돈을 잘해도 꽂혀 있는 책 위에 보고 난 책을 대충 얹어 두는 경우가 많다. 이것은 아이의 정리정돈 습관이 부족한 것도 있지만, 부모가 같은 종류의 책들을 너무 빽빽하게 수납하여 여유 공간이 없어서 그럴 수도 있다. 책은 아이가 편하게 빼고 꽂을 수 있게, 한 시리즈 책을 옆 칸에도 꽂을 수 있도록 배치한다.

▲ 책장에 여유 공간이 없으면, 책 위에 대충 얹어 두거나 책장이 아닌 아무 데나 두게 됨

▲ 읽은 책을 다시 꽂기 쉽도록 책 사이에 여유 공간을 만들어 줌

❹ 아이들 눈높이에 맞는 수납 위치

아이들이 자주 읽는 책은 아이 손이 잘 닿는 곳에 수납해야 한다. 하지만 자주 읽고 좋아하는 동화책이라도 금방 싫증을 낼 수 있다. 그래서 아이 손이 닿기 쉬운 곳은 책을 주기적으로 바꿔 주면 좋다. 장난감도 싫증이 날 때쯤 베란다 등에 따로 두었다가 시간이 지난 후 꺼내 주면 반응이 달라진다.

이동식 행거를 2단으로 변경하기

이동식 행거에 아이 옷을 수납할 때 공간이 부족하다면, 봉걸레 대를 이용하여 2단 행거로 변경할 수 있다. 먼저 행거 높이를 최대한으로 높이고, 사용하지 않는 봉걸레 대를 행거 양쪽의 높낮이 나사에 걸쳐 고정하면 된다. 아이 옷은 짧아서 가능하다.

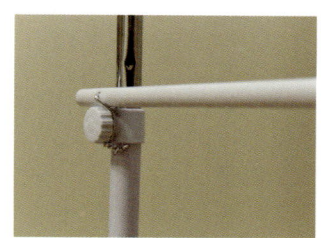

▶ 봉걸레 대를 행거 높낮이 나사에 걸쳐서 고정

6. 가구도 영역을 나누어 배치하기

일반적으로 가구는 크기 순서로 배치하지만, 아이방은 아이가 사용하는 용도에 맞춰 배치하는 것이 좋다. 아래 사례는 정리정돈 상태도 불량하지만, 가구를 영역 구분 없이 배치한 것이 가장 큰 문제다. 책장에 어른과 아이 물건이 마구잡이로 놓여 있어, 아이가 자신의 물건을 꺼내기 어렵다. 그래서 장난감은 장난감끼리 옷은 옷끼리 영역을 확실히 나누고, 아들과 딸의 장난감도 구역을 나누어 각각 수납했다.

▲ 영역 구분이 없는 가구 배치로 더 어수선함

▲ 종류별로 영역을 구분하여 가구 배치 후 정리정돈함

> **TIP** 내 물건만 따로 두는 전용 공간이 생기면, 내 물건에 대한 애착과 소중함으로 **책임감**이 생긴다. 책임감은 정리정돈을 시작하는 첫걸음이 된다.

장난감은 갖고 놀기 좋게! 제자리에 되돌려 두기 쉽게!

아이들은 나이에 따라 가지고 노는 장난감이 달라지기 때문에, 한곳에 모두 모아 놓으면 장난감을 갖고 노는 시기를 놓치는 경우가 있다. 이를 피하려면 장난감을 바구니에 담아 두는 방법과 선반에 보관하는 방법을 적절히 섞어 사용하면 된다. 공룡 피규어, 탑블레이드 팽이, 늘이 카드처럼 크기가 작은 장난감은 바구니를 활용하고, 큼직한 장난감은 선반에 보이는 수납을 하자. 아이가 어릴수록 단순하고 따라 하기 쉬운 방법으로 해야 한다.

▲ 보이는 수납으로 다소 어수선하지만, 아이에게 편하고 물건을 제자리에 되돌려 두기도 쉬움

▲ 옷 서랍장에는 현재 입는 옷을 보관하고, 뚜껑 방식 바구니를 한곳에 모아 철 지난 아이 옷을 보관

재활용품 아이디어와 가성비 살림 노하우 … 아이방

재활용품 아이디어 1

우유팩으로 길이가 조정되는 수납 칸막이 만들기

1. 위쪽과 한쪽 면을 잘라낸 우유팩 2개를 같은 크기로 자른다.

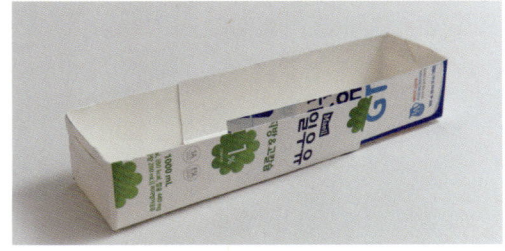

2. 물건이나 서랍 길이에 따라 조정하여 겹쳐 끼운다.

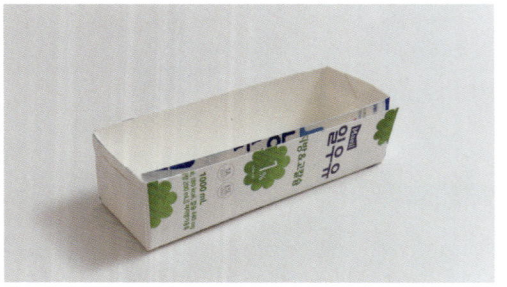

3. 수납하는 물건과 공간에 따라 우유팩 길이를 조절해 문구용 집게나 클립으로 고정한다.

4. 서랍에 자투리 공간이 남지 않게 우유팩 길이를 조절하여 고정한다.

5. 수납 칸막이에 학용품을 종류별로 나누어 정리하면 좋다.

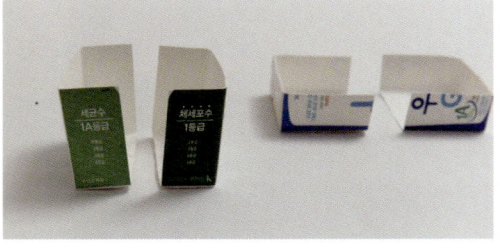

6. 같은 방법으로 우유팩을 눕히거나 세워서 끼워 만들면, 용도에 따라 다양하게 사용할 수 있다.

TIP 우유팩은 길이와 크기를 조절해서 자투리 공간 없이 수납할 수 있어 수납 칸막이로 가장 좋은 재활용품이다. 하지만, 칸을 너무 세분화하면 오히려 수납에 방해되므로 큰 우유팩을 활용하는 것이 좋다.

재활용품 아이디어 2

우유팩으로 클레이 재료 수납 도구 만들기

 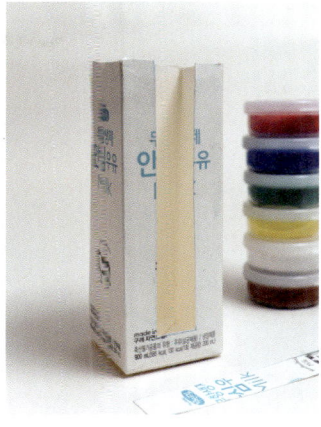 

1. 우유팩을 준비해 윗부분을 자른다. 속 내용물이 보이고 꺼내기 쉽도록, 잘라낼 부분을 정하여 그린다.

2. 그린 부분을 잘라낸다.

3. 클레이를 우유팩에 포개 쌓으면, 옆으로 나열하는 것보다 자리도 덜 차지하고 쓰러지지도 않는다.

재활용품 아이디어 3

핸드폰 충전 거치대 만들기

 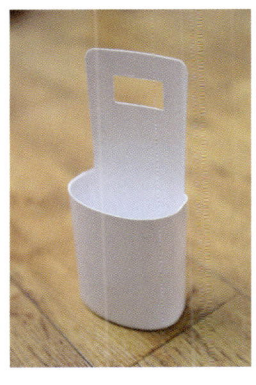  

1. 핸드폰을 바닥에 둔 채 충전하면, 케이블에 발이 걸리거나 핸드폰을 밟아 파손될 수 있다.

2. 핸드폰이 들어갈 단단한 크기의 샴푸 같은 플라스틱 통을 그림처럼 자른다. 플러그가 들어갈 수 있도록 네모 모양 구멍도 뚫어 준다.

3. 아이가 좋아하는 스티커도 붙여 준다 만든 거치대를 벽에 부착하고, 선을 정돈해 빵끈으로 감아 준다

4. 선을 깔끔하게 정돈하고, 바닥이 아닌 벽에 있어 안전하게 핸드폰을 충전한다.

재활용품 아이디어 4

책장 선반 아래 공간, 납작한 상자로 서랍식 수납하기

1. 서랍식 수납 도구로 사용할 만한 손잡이 있는 납작한 종이상자를 준비한다.

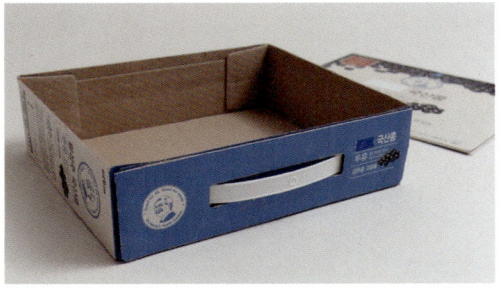

2. 종이상자의 위쪽 면을 잘라낸다.

3. 상자를 분리하여 잘 뒤집은 다음, 스테이플러로 다시 고정한다. 이렇게 하면 인쇄 면이 보이지 않아 깔끔하다.

4. 책을 꽂고 남은 책장 선반 아래 자투리 공간에 완성된 상자를 서랍식 수납 도구로 활용한다.

 어떤 물건을 아이방 수납 도구로 사용하면 좋을까?

플라스틱 3단 책꽂이, 다용도 언더선반, 다용도 정리함, 모던 수납박스, 다용도 슈즈케이스

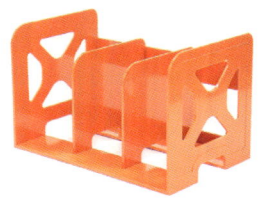

재활용품 아이디어 5

책장 옆면에 머리띠 수납하기

책장의 옆면에 요구르트병을 활용해서 머리띠를 수납할 수 있다. 먼저 사각 요구르트병의 아래와 윗부분을 잘라내고 필요한 개수만큼 테이프로 연결한 뒤, 고리를 걸 수 있는 구멍을 2개 뚫는다. 부착식 행거 고리를 책장 옆면에 붙여 구멍에 걸어 준다. 그리고 요구르트병 위아래로 뚫린 곳마다 머리띠를 1~2개씩 걸어 주면 된다.

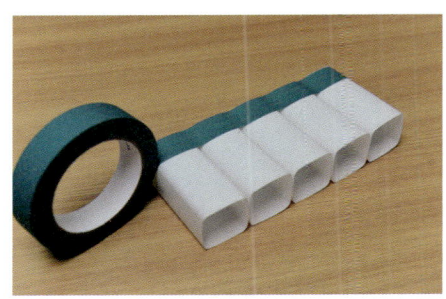

TIP 같은 방법으로 위아래 면을 잘라낸 요구르트병을 싱크다 하부장 문 안쪽에 붙여 조리도구를 수납할 수 있다. 조리도구의 모양 때문에 1개씩 따로 붙이는 것이 유리하다.

재활용품으로 수납 도구를 만들 때의 장점

재활용품으로 수납 도구를 만들 때 아이와 함께 아이디어를 내면, 아이는 창의적인 생각을 하게 되고 공간 인지력, 성취감을 얻게 된다. 버리는 물건들을 재활용해 만들기 때문에 환경적인 면, 실용적인 면, 경제적인 면을 아이에게 교육할 수 있다. 재활용품이 버려지는 '쓰레기'가 아닌 '쓸 물건'이 될 수 있다는 것을 아이가 체험하며 흥미를 갖도록 도와주자. 아이는 스스로 만든 재활용 수납 도구에 애착을 느끼게 될 것이며 이를 통해 정리정돈을 유지하기 위해 더 노력할 것이다.

가성비 살림 노하우 1

압축봉으로 큰 학습자료 보관하기

큰 지도 같은 학습 자료는 보관하기가 쉽지 않다. 이런 경우, 책상 아래 옆 공간에 압축봉 2개를 세로로 고정하고 그 뒷면에 꽂듯이 넣으면 깔끔하게 보관할 수 있다.

가성비 살림 노하우 2

종이판 퍼즐 정리하기

종이판 퍼즐은 조각들의 모양이 비슷하고, 조각 개수가 많아지면 1~2개 없어져도 모른다. 또 조각이 돌아다녀도 어떤 퍼즐인지 구별하기 어렵다. 이럴 때 종이판 퍼즐 조각의 뒷면에 같은 숫자나 모양을 표시하면 어떤 퍼즐 조각인지 구별하기 쉬워진다. 퍼즐 판이 없는 학습 교재의 경우, 피자 상자나 두유 상자 등 도톰한 상자로 판을 만들어 주면 좋다. 퍼즐 가방이 없다면 지퍼백에 담아 보관한다.

가성비 살림 노하우 3

스티커 자국 쉽게 없애기

붙여 놓은 스티커를 제때 떼어내지 않으면 시간이 지날수록 접착제가 흡착되어 점점 제거하기 어려워진다. 스티커 자국은 자외선 차단제나 살충제를 바르고 5~10분 뒤 부드러운 천이나 물티슈로 닦으면 깨끗이 제거된다.

나무 재질은 스티커를 오랫동안 불리면 코팅이 벗겨질 수 있으므로 조심해야 한다.

TIP 아이가 한창 스티커 붙이기를 좋아하는 시기라면 스티커를 떼기 전에 먼저 아이에게 물어봐야 한다.

가성비 살림 노하우 4

레고 블록 정리정돈하기

레고 블록은 정리정돈하기 어려운 장난감 중 하나이다. 레고는 아이들 성향에 따라 정돈 방법이 다른데, 설명서대로 따라 만들기를 좋아하면 시리즈별로 정리하는 것이 좋다. 반면에 각각의 브릭을 사용하여 창의적으로 만드는 것을 좋아하면 작은 서랍마다 색상과 모양별로 정돈하는 것이 좋다. 그렇게 브릭을 구분해 놓으면 아이 스스로 원하는 브릭을 찾아서 만들 수 있다. 창의적으로 만든 레고 모형들을 잘 보이는 곳에 전시해 주면 아이의 자존감까지 높일 수 있다.

▲ 블록을 낱개별로 작은 서랍에 정돈

▲ 블록이 섞이지 않도록 시리즈별로 구분하여 상자에 보관

레고코리아 홈페이지에서 조립설명서 이용하기

조립설명서를 분실한 경우, 레고코리아 홈페이지(www.lego.com/ko-kr)에서 조립설명서를 검색하여 이용할 수 있다. 사용하지 않는 브릭이 많으면 색상과 종류별로 정돈해 두면, 분실한 경우 필요한 브릭을 대치하여 조립할 수 있다. 만약 누락된 브릭을 대치할 수 없다면 레고코리아 홈페이지 고객서비스를 통해 신청하면 받을 수 있다.

가성비 살림 노하우 5

책장으로 스탠드형 옷걸이 만들기

아이들이 옷을 벗어 침대나 의자 위에 던져두는 경우가 많다. 이런 경우 아이가 사용하던 작은 책장으로 스탠드형 옷걸이를 만들어 보자. 책장의 선반과 뒷면을 제거한 뒤 압축봉을 설치하여 옷을 걸게 하면 겹치지 않아 편리하다.

TIP 압축봉을 단단하게 설치하는 방법은 204쪽을 참조한다.

가성비 살림 노하우 6

머리방울, 머리띠 정돈하기

머리방울, 머리핀, 머리띠는 잘못 보관하면 엉키기 쉽고 제짝을 찾기도 힘들다. 머리방울은 사각 요구르트병을 잘라 수납 칸막이로 만들어 서랍마다 종류별로 분류하여 보관한다. 이때 수납 칸을 너무 세분화하면 아이에게 강박관념이 생길 수 있으므로 연령에 맞게 적당하게 칸을 나누는 것이 좋다. 작은 서랍에 머리방울을 수납하고 서랍장 위에는 머리띠를 정돈하면 된다. 고무가 약간 늘어난 머리방울은 전선이나 미술 붓 발 정돈에 활용할 수 있다.

가성비 살림 노하우 7

뚜껑이 쉽게 열리는 장난감 상자 해결하기

1. 퍼즐이 있는 장난감 상자의 뚜껑은 쉽게 열리기 때문에 세워서 보관하기가 어렵다.

2. '단춧구멍 고무밴드'를 준비해 필요한 만큼 잘라 끝부분에 단추를 달아 준다.

   TIP '단춧구멍 고무밴드'는 인터넷이나 의류 부자재 가게에서 살 수 있다. 밴드가 헐거워졌다면 구멍이 촘촘 나 있으므로 자리를 바꿔 끼우면 된다. 같은 방법으로 구멍 난 고무장갑을 잘라 재활용할 수도 있다.

3. 고무밴드로 상자를 감싸고 단추를 끼워 준다.

4. 단추를 끼워 고정했기 때문에 세워도 뚜껑이 열리지 않고, 세로 수납도 가능하다.

가성비 살림 노하우 8

종이로 긴 원통 과자 쉽게 꺼내 먹기

긴 원통에 들어있는 과자를 먹을 때 중간쯤 되면 꺼내 먹기가 불편하다. 이럴 때는 과자 통 안으로 종이를 밀어 넣은 뒤 종이와 함께 과자를 꺼내면 부서지지도 않고 편하게 먹을 수 있다. 또 꺼낸 과자가 남아도 종이와 함께 다시 과자통 안으로 밀어 넣으면 부서지지 않게 넣을 수 있다. 과자 뚜껑이 종이컵과 크기가 같아서 종이컵 뚜껑으로 활용할 수 있다.

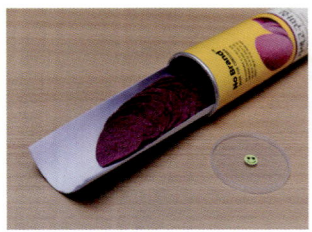

가성비 살림 노하우 9

피자 삼각대를 스마트폰 거치대로 활용하기

요즘 아이들은 스마트폰으로 영상을 즐겨 본다. 피자를 주문했을 때 상자에 들어있는 피자 삼각대의 다리 한쪽을 자르면, 간단하게 소지하고 다닐 수 있는 스마트폰 거치대로 활용할 수 있다.

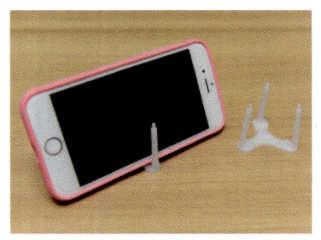
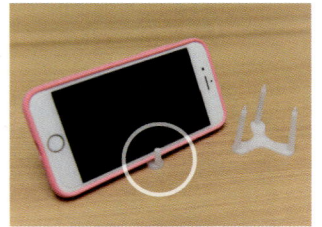

에피소드

아이방의 정리정돈을 도와주고 몇 개월 후 아이들과 통화를 하였다.

"정리가 안되었을 때는 지저분해서 짜증이 나기도 했어요. 잠을 잘 때도 치우기가 귀찮아서 바닥에 있는 물건들을 한쪽으로 대충 밀어놓고 이불을 깔았어요. 그런데 정리정돈이 잘되어 있으니 기분이 상쾌하고 바닥이 넓어져서 놀고 싶을 때 마음대로 놀 수 있어서 너무 좋아요."

"그리고 책상이 정리정돈되어 있으니까 스스로 책상에 앉아서 공부하게 돼요. 예전에는 귀찮아서 방을 치울 생각이 별로 없었는데, 이제 선생님께서 가르쳐 주신 대로 유지하려고 노력하고 있어요."

4학년 딸과 2학년 아들은 방법을 몰라서 정리정돈을 못하고 있었던 것이다.

가성비 살림 노하우 10

책 사이에 낀 먼지 청소하기

1. 책장에서 책을 뺀 후 청소기로 구석구석 먼지를 제거한다.

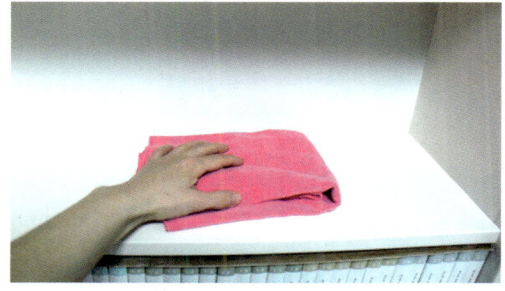

2. 베이킹소다를 연하게 희석한 물에 걸레를 빨아 물기를 없앤 후 꼼꼼하게 닦아 준다.

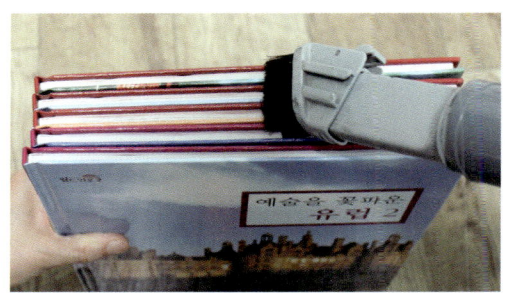

3. 진공청소기 흡입구를 솔 형태로 바꿔 책 틈 사이에 쌓인 먼지를 제거한다.

4. 소독용 에탄올로 손때 묻은 얼룩을 제거하고, 소독 효과까지 볼 수 있도록 책표지를 닦아 준다.

5. 책 사이에 먼지가 덜 앉도록, 가까운 인테리어 가게에서 바닥재 자투리를 구해 필요한 크기만큼 잘라 정리된 책 위에 덮어 둔다.

6. 책 덮개만 간단하게 걸레로 닦으면 책 먼지가 해결되니, 청소 시간도 단축되고 아이 건강까지 챙길 수 있다.

TIP 책 사이사이에 낀 미세한 먼지는 아이 건강을 해친다. 아이의 활동량이 많은 공간일수록 책 관리에도 세심한 관심을 기울여야 한다.

가장 신경을 안 쓰는 공간이지만, 오히려 가장 많은 신경을 써야 하는
공간이 바로 욕실이다. 어떤 인테리어 전문가는 모든 인테리어의 시작과
끝은 욕실이라고 말했을 정도로, 욕실은 집에서 굉장히 중요한 곳이다.
그리고 다용도실은 잡동사니 물건을 쌓아 두어 창고 같다.
이번 장에서는 욕실을 제대로 활용하는 수납정리 방법과 다용도실을
백배 활용하는 수납정리 방법을 알아보자.

CHAPTER 5

욕실과 다용도실 수납정리하기

미리 살펴보는 욕실 정리 노하우

Preview

 # 욕실 정리가 안되는 이유
- 좁은 공간에 많은 물건이 나와 있다.
- 욕실 수납장 안에 여유분 물건이 많다.

넓고 깔끔한 욕실을 위한 최고 인테리어는 역시 물건의 양을 줄이는 것이다. 욕실은 워낙 좁은 공간이라 물건이 조금만 늘어나도 복잡해 보인다. 또 꺼내 두는 물건이 많으면 지저분해 보인다.

욕실 정리 노하우 3단계

1단계 — 최소한의 물건으로 세균 번식 방지하기

2단계 — 주어진 수납공간만큼만 구입하기

3단계 — 노출되는 물건 최소한으로 줄이기

1단계 최소한의 물건으로 세균 번식 방지하기

욕실은 집에서 가장 좁고 항상 습기로 가득 차 있다. 풍수 인테리어에서는 습기가 집안 기운을 약하게 하며 건강을 악화시킨다고 한다. 그래서 욕실은 습기가 없도록 하는 것이 중요하다. 특히 화장품과 세제로 가득 찬 욕실은 곰팡이 때문에 청소가 힘들어질 수 있다. 샴푸, 린스, 치약, 칫솔, 비누 등 매일 쓰는 세제류만 남기고 나머지 물건들은 수납장에 보관한다. 여분의 물건들은 다용도실이나 욕실 외부 수납장에 보관하는 것이 좋다.

▶ 매일 사용하는 물품만 꺼내 놓고 나머지 물건은 수납장에 보관

2단계 | 주어진 수납공간만큼만 구입하기

욕실에는 샴푸, 비누, 치약과 칫솔, 청소 세제 등 많은 종류의 세정제가 있는데 한 번에 대량으로 사기도 한다. 많은 양의 물품을 좁고 한정된 욕실 공간에 수납하려면 어떤 방법이 동원되어도 해결되지 않는다. 그러므로 수납공간에 맞춰 관리할 수 있을 양만 구입하는 것이 청결한 욕실을 간드는 비결이다.

▶ 욕실에 물건이 넘쳐나서 어수선함

3단계 | 노출되는 물건 최소한으로 줄이기

욕실을 깔끔하게 유지하려면 매일 사용하는 치약, 칫솔, 양치 컵, 폼클렌징, 손 세정제를 제외한 나머지 물품은 모두 수납장 안에 보관한다. 노출되는 물건을 최소화할수록 욕실은 깔끔해 보인다. 수납장 안에 보관하면 물건 바닥에 물때가 끼지 않아 따로 청소할 필요도 없다.

▲ 욕실 모서리 선반에는 매일 사용하는 샴푸, 린스, 보디샴푸만 배치

▲ 수납장 안에 넣지 못한 청소용품은 물기가 잘 가지 않는 변기 뒤쪽 아래 배치

욕실에서 가장 먼저 정리할 물건

① 사용기한이 지난 치약, 여성용품
② 곰팡이가 낀 물건
③ 오래 사용한 변기 솔, 수세미 같은 청소용품
④ 조금 남아 사용하지 않는 세제통
⑤ 잘 사용하지 않는 물놀이용품

Before #욕실

사례자는 욕실 청소를 깨끗하게 하려고 세제를 종류별로 갖추고 사용했다. 그런데 너무 많은 세제를 갖고 있어서인지 오래된 제품도 있고 욕실에 굳이 없어도 되는 것도 있었다. 물건이 많아 청소를 해도 티가 나지 않는 어수선한 욕실이었다.

Problem

❶ 불필요한 선반 때문에 욕실에 없어도 되는 물건까지 올려놓았다.
❷ 몸 청결과 욕실 청소를 위한 세정제가 너무 많았다. 이러면 오랜 기간 사용하지 않는 제품이 있기 마련이고, 습기와 곰팡이가 생겨 독이 될 수도 있다.
❸ 세면대 선반에 휴지통, 수많은 세정제와 사용하지 않는 물건까지 있어 전체적으로 복잡하고 어수선하다.
❹ 사용하지 않는 욕실의자와 발판, 휴지심 같은 불필요한 물건이 많다.

After #욕실

선반 아래 작은 선반을 떼어내고 선반 한 개만 두었다. 욕조 한쪽 모서리를 가득 채웠던 세정제는 자주 사용하는 것만 남기고 모두 정리했다. 세면대 위에 있던 물건들도 자주 쓰는 것만 남겼다. 깔끔해진 공간과 욕실 청소에 대한 부담이 줄어 결과에 매우 만족했다.

Solution
❶ 기존 욕실에 있는 선반을 제외하고, 추가한 선반과 선반 위 물건을 모두 없앴다.
❷ 욕조 위에 있던 청소 세제를 변기 뒤쪽으로 옮기고, 샤워할 때 필요한 용품만 남겼다.
❸ 세면대 위에 놓여 있던 칫솔과 양치 컵을 벽에 걸고 매일 사용하는 최소한의 물건만 두었다.
❹ 수건걸이를 이용하여 욕실 청소 세제를 벽에 걸어 두면 바닥에 놓여 있을 때보다 물때가 안 낀다.

수납의 기본 원칙으로 욕실 정리하기

연상 수납
욕실이 연상되는 물건을 모아 준다.

끼리끼리 수납
치약, 칫솔, 여행용 세면도구 세트 등 끼리끼리 분류하여 수납한다.

칸막이 수납
플라스틱 우유통을 잘라 종류별로 칸을 나눌 수 있게 수납 칸막이를 만든다.

세로 수납
쓰러지기 쉬운 수건과 치약, 칫솔을 수납 칸막이에 세워 수납한다.

서랍식 수납
서로 섞이지 않고 선반에서 쉽게 찾을 수 있도록 서랍식 수납한다.

이름표 붙이기
수납통에 이름표를 붙여 쉽게 찾을 수 있도록 한다.

욕실장에는 치약, 칫솔처럼 쉽게 쓰러지거나 뒤섞이는 물건이 보관되어 있다. 그래서 세로 수납이 유용하다. 욕실은 물기가 많은 곳이라 혹여 물건이 떨어져도 상관없는 우유통을 재활용하여 수납하는 것을 추천한다. 자른 우유통에 수납의 기본 원칙을 적용하여 수납하면 같은 양의 물건이라도 공간을 활용하는 효율이 달라지고 깔끔함도 오래 유지한다.

1. 연상 수납 & 끼리끼리 수납

사용 빈도가 낮은 여유분의 물건들은 욕실장 맨 위 선반에, 자주 사용하는 폼 클렌징과 팩 종류는 중간 선반에 수납한다. 같은 선반에서는 치약, 칫솔, 여행용 세제 등으로 수납 바구니마다 세분화하여 끼리끼리 분류하였다.

▲ 연상 수납 & 끼리끼리 수납

2. 칸막이 수납

플라스틱 우유통을 재활용한 수납 바구니로 자잘한 물건들이 서로 섞이지 않게 했다. 그리고 칸을 나누어 칫솔, 면도용품, 여행용 세면도구 세트끼리 분류하여 수납했다. 이렇게 수납 바구니에 담아 두면 위쪽 선반에 있어도 꺼내기 편리하다.

▲ 칸막이 수납

3. 세로 수납

수건을 눕혀 포개어 두면 꺼낼 때 다른 수건까지 와르르 쏟아지기 쉬우므로 세워서 세로 수납해야 한다. 그래야 수건을 꺼낼 때 쏟아져 내리는 불상사도 없고 꺼내기도 편리하다. 보기에도 깔끔하고 안정적으로 느껴진다.

▲ 세로 수납

4. 서랍식 수납 & 이름표 붙이기

욕실장에는 자주 사용하는 가루세제를 덜어서 보관하면 공간을 절약할 수 있다. 이를 위해 2단 서랍식 세제통을 수납 도구로 선택했다. 여러 종류의 하얀색 세제 분말을 담아 놓으면 구분이 어려우므로 이름표를 꼭 붙인다.

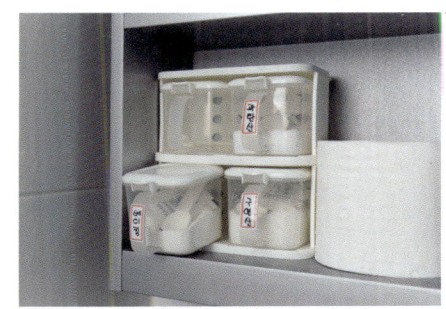

▲ 서랍식 수납 & 이름표 붙이기

보송보송한 욕실 유지하기

욕실에 곰팡이나 찌든 때가 많으면 정돈 효과가 떨어지고 청결해 보이지 않는다. 욕실은 정리정돈보다 곰팡이나 찌든 때가 생기지 않도록 예방하는 것이 중요하다. 곰팡이를 예방하는 방법은 샤워 후 욕실 물기를 닦아 주거나 벽과 바닥을 따뜻한 물로 헹궈내는 것이다. 따뜻한 물은 차가운 물보다 수분이 빨리 증발해 곰팡이를 예방하는 데 도움이 된다. 또, 환기가 잘되도록 화장실 문을 열어 놓으면 곰팡이가 피는 것을 막을 수 있다.

샤워 후 남은 물기를 '유리창 스퀴지'로 닦아 주면 습기 건조 시간을 줄일 수 있다. 욕실 물기를 모두 제거한 후, 타일 틈새를 양초로 문질러 주면 양초의 파라핀 성분이 타일 틈새를 코팅하여 물기가 고이지 않는다.

▲ 유리창 스퀴지로 남은 물기 닦아 주기

▲ 타일 틈새를 양초로 문질러 줌

두 배로 넓게 쓰는 욕실 수납공간 활용 노하우

1. 안 쓰는 물건 버리기

욕실 공간을 200% 활용하는 방법을 찾고 있다면, 앞에서 누누이 강조했듯이 최소한의 물건만 남기라는 말은 아무리 강조해도 지나치지 않다. 공간을 넓게 사용하는 방법을 찾기 전에 어떻게 물건을 줄일 것인가부터 고민해야 한다. 불필요한 물건을 줄이면 저절로 정돈이 쉬워지고 넓고 깨끗해진다.

▲ 욕실장에 몇 년 동안 사용하지 않은 물품까지 보관

▲ 버리기를 통해 욕실장에 여유 공간 만들기

2. 미니 서랍장으로 공간 활용하기

화장솜, 면봉, 치간 칫솔, 치실 등 작은 물건은 여기저기 흩어져 있기 쉽다. 이럴 때 생활용품점에서 판매하는 저렴한 미니 서랍장을 이용하면 공간을 잘 활용할 수 있다.

▲ 작은 물건은 미니 서랍장에 종류별로 수납

> **두루마리 휴지, 여성용품은 최소한으로 비치**
>
> 두루마리 휴지는 습기를 잘 흡수하기 때문에 습기가 많은 욕실에 많이 보관하지 않는 것이 좋다. 욕실에는 예비용으로 1개 정도 보관하고, 습기에 약한 생리대와 화장솜, 수건도 최소한으로만 비치한다. 특히 생리대는 그 달에 사용할 만큼만 밀폐 용기에 보관해야 습기를 막을 수 있다. 생리대 소비기한은 제조일로부터 36개월이지만, 개봉 후에는 습기 차단 여부에 따라 사용기한이 달라질 수 있다.

3. 벽에 걸기

변기 솔과 화장실 청소용품은 지저분해 보인다는 이유로 케이스나 바구니에 담아두는 경우가 많다. 바구니를 물기가 많은 욕실 바닥에 두면 물때도 생기고 바닥 면이 쉽게 마르지 않는다. 흡착판을 사용하여 청소용품을 벽에 걸면, 공간도 덜 차지하고 건조도 빠르다. 욕실 문 뒤쪽도 수건걸이를 부착하면 좋은 수납공간이 된다.

❶ 양치 도구나 변기 솔은 걸어서 보관하기

양치 도구를 벽에 걸어 보관하면 컵이나 칫솔에 생기는 물때 걱정을 줄일 수 있다. 변기 청소에 사용하는 변기 솔과 수세미는 눈에 잘 띄지 않는 변기 한쪽 구석에 수납 도구를 사용하여 걸어 둔다.

▲ 양치 도구를 벽에 걸어 보관

▲ 청소 도구를 벽에 걸어 보관

❷ 욕실 문 뒤쪽 공간 활용하기

욕실 문 뒤쪽은 문을 열어 두면 보이지 않기 때문에 수납공간으로 활용할 수 있다. 수건걸이를 부착하고 고무장갑이나 극세사 걸레 등에 속옷 포장용 고리를 연결하여 걸어 두면, 물기도 빠르게 마르고 보관도 쉽다.

▲ 속옷 포장 고리를 고무장갑에 달아 줌

▲ 수건걸이에 고무장갑의 고리를 걸어 주면 수납과 보관이 쉬워짐

> **TIP** 극세사 걸레는 일반 수세미보다 조직이 촘촘하고 부드러워 세면대의 흠집은 물론 청소 후 얼룩도 훨씬 줄일 수 있다.

4. 욕실장 선반 아래 공간 활용하기

욕실장이 작은 경우에는 선반 아래 자투리 공간을 활용하는 방법도 있다. 부엌 개수대에 붙여 사용하는 수세미 거치대를 욕실장 선반 아래에 붙여, 세안할 때 사용하는 헤어밴드나 헤어캡을 수납할 수 있다.

▲ 부엌 개수대 수세미 거치대를 욕실장 선반 아래에 부착

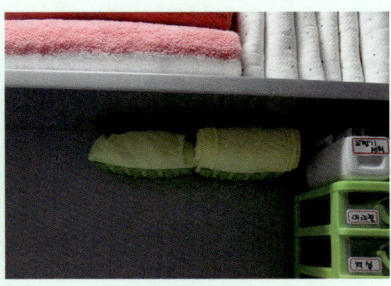

▲ 세안할 때 사용하는 헤어밴드와 헤어캡을 수세미 거치대에 수납

최소한의 물건만 수납하기

욕실장은 위쪽에 있는 물건을 꺼내다 떨어뜨리는 경우가 있으므로 꼭 필요한 폼클렌징, 면도용품 같은 최소한의 물건만 두는 것이 좋다. 처음에는 다소 불편할 수 있지만, 차츰 간소함과 깔끔함에 익숙해지고 청소와 정돈에 대한 강박에서 벗어날 수 있다.

축축한 수건, 매트 등을 욕실에 두지 않기

눅눅한 욕실에는 물때가 자주 끼고 곰팡이가 쉽게 번식하기 때문에 주기적으로 청소하지 않으면 어느새 곰팡이 천지가 되어 버린다. 보송보송한 '건식 욕실'처럼 사용하고 싶다면 사용한 수건은 세탁실로 바로 옮겨야 한다. 사용한 샤워 수건, 목욕 매트, 칫솔, 청소 수세미 등도 습기가 머물지 않도록 햇빛에 잘 건조해 사용해야 한다.

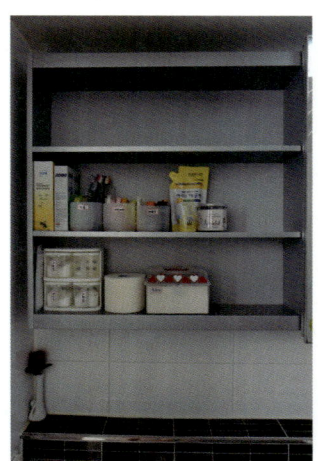

▲ ▶ 욕실장은 최소한의 물건만 보관하도록 정돈

재활용품 아이디어와 가성비 살림 노하우 … 욕실

재활용품 아이디어 1

우유팩으로 욕실 다용도 꽂이 만들기

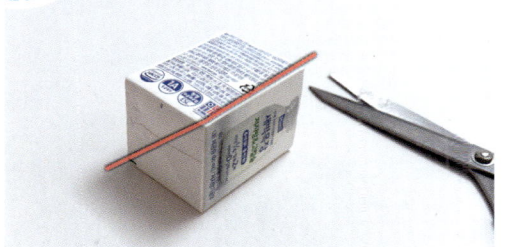

1. 200㎖ 우유팩에서 한쪽 모서리와 밑면을 사선으로 잘라 준다.

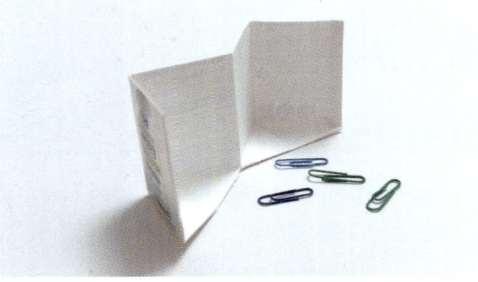

2. 자른 우유팩을 바깥으로 접어서 삼각형 모양이 밖으로 나오도록 한다.

3. 접은 우유팩을 클립으로 고정한다.

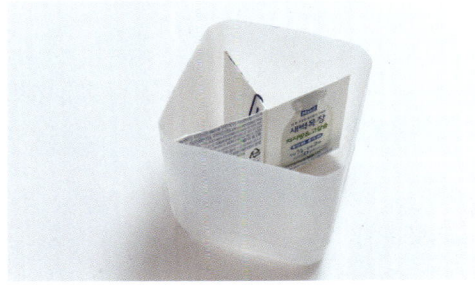

4. 손잡이 우유통 안에 접은 우유팩을 넣어 칸막이를 만들면 완성된다.

5. 필요에 따라 칸을 더 나누어야 한다면 같은 방법으로 하나 더 만든다. 4등분 된 다용도 꽂이가 만들어졌다.

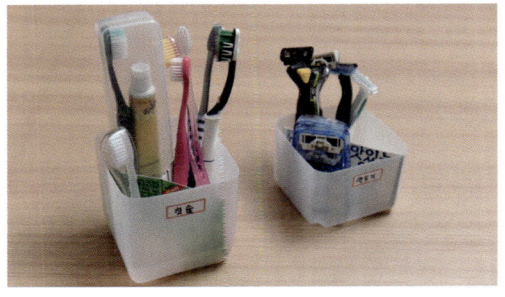

6. 칸을 나누었기 때문에 적은 양을 꽂아도 기울어지지 않고 깔끔하게 유지된다.

재활용품 아이디어 2

압축봉으로 수건 수납 방지턱 만들기

1. 욕실장에 일반 압축봉을 사용하면 가끔 힘을 제대로 받지 못하고 빠지는 경우가 있다.

2. 압축봉을 설치할 위치에 나사못을 박는다. 압축봉 끝에 있는 고무 패킹을 빼고 나사못에 끼운다.

3. 반대편도 같은 방법으로 끼운다. 압축봉을 나사못 위치에 대고 압축봉의 길이를 늘여 준다.

4. 가는 쪽의 봉을 나사 풀듯이 돌려 길이를 늘여 주면 된다. 압축봉을 양쪽 나사못에 끼워 설치하면 훨씬 단단하게 고정된다.

TIP 옷장에도 선반을 빼내고 옷걸이 봉으로 교체해서 사용하면 편리하다.

5. 압축봉을 설치해 수건을 세로로 세워 수납하여 수건이 떨어지는 것을 방지할 수 있다. 옆에는 수건이 쓰러지는 것을 방지하기 위해 작은 북스탠드로 고정한다.

TIP 수건을 눕혀서 수납하면 떨어질 수 있다.

가성비 살림 노하우 1

튜브형 화장품 끝까지 쓰기

TIP 화장품을 손으로 덜어내면 손의 열로 인해 변질될 수 있으니, 반드시 주걱으로 덜어서 옮겨야 한다.

다 쓴 튜브형 화장품 내용물이 더는 나오지 않더라도 뚜껑 쪽에 꽤 많은 양이 남아 있어, 뚜껑을 아래쪽으로 하고 바닥에 탕탕 내려치면 화장품이 뚜껑 쪽으로 밀려 내려온다. 그 다음 튜브의 중간 부분을 가위로 잘라 화장품 주걱이나 일회용 티스푼(아이스크림 스푼)으로 남아 있는 내용물을 말끔히 긁어내 뚜껑 쪽으로 옮겨 담는다. 그리고 뒤쪽을 뚜껑 삼아 끼우면 알뜰하게 사용할 수 있다.

가성비 살림 노하우 2

쓰다 남은 선크림으로 샤워기 녹 제거하기

 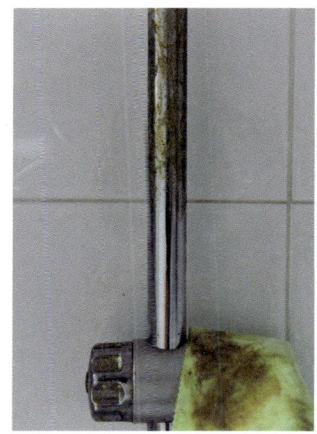

샤워기 거치대에 생긴 녹을 수세미로 닦으면 녹은 잘 안 없어지고, 흠집만 생긴다. 이럴 땐 녹이 생긴 부분에 선크림을 바르고 10분 정도 내버려 둔다. 시간이 지난 뒤 극세사 걸레로 살살 문질러 주면 수월하게 닦인다. 녹슨 정도가 심하거나 오래될수록 선크림을 바른 후 시간을 길게 두었다가 닦으면 된다. 자외선 차단지수가 높은 선크림일수록 녹 제거에 큰 효과를 보인다.

 어떤 물건을 욕실 수납 도구로 사용하면 좋을까?

수세미 거치대, 배수관 청소 도구, 압축봉, 서랍 칸막이, 유리창 스퀴지

가성비 살림 노하우 3

세면대 배관 막힘 청소법

세면대를 오래 사용하면 머리카락 같은 이물질 때문에 세면대 물이 아주 느리게 내려가곤 한다. 이런 배관은 생활용품점에서 판매하는 '배수관 청소 도구'로 청소가 가능하다. 구입한 청소 도구를 배수관 입구로 밀어 넣어준다. 깊숙이 밀어 넣었다가 다시 빼내면 배수관 청소 도구 갈퀴에 이물질이 걸려 따라 나온다. 세면대가 막혀도 혼자 해결이 가능하다.

 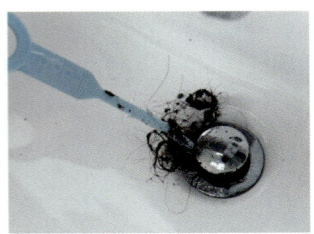

가성비 살림 노하우 4

쉽게 물러지는 비누 해결법

비눗갑 바닥에 비누를 올려 두면 물기로 인해 퉁퉁 불어 버린다. 비누를 제대로 사용하기 위해 노란 고무 밴드를 비눗갑에 끼워 준다. 고무 밴드 때문에 비누가 바닥에 닿지 않아 물기가 빠지면서 항상 보송보송한 상태를 유지할 수 있다.

가성비 살림 노하우 5

칫솔 관리 잘하는 방법

관리 소홀로 칫솔이 세균 막대기가 되어 버린다면 과연 치아 건강을 지킬 수 있을까? 칫솔 살균기를 구매해도 살균기 관리가 제대로 되지 않는다면 무용지물이 된다. 세균으로부터 칫솔을 보호하는 방법을 알아보자.

❶ 칫솔을 따로따로 보관하기

가족들이 사용하는 칫솔들을 컵 하나에 보관하면 칫솔모끼리 닿게 된다. 만약 치주염이나 감기에 걸린 사람이 사용하던 칫솔이 있다면 다른 칫솔들도 같이 오염될 수 있다. 따라서 칫솔은 따로따로 분리된 칫솔 보관함을 사용해야 한다.

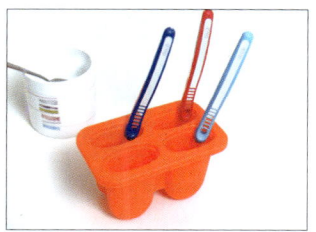

❷ 주기적으로 칫솔모 살균 소독하기

칫솔은 1주일에 1~2번 정도 주기적으로 살균 소독을 해야 한다. 소금을 녹인 따뜻한 물에 칫솔모를 10~20분 담가 두었다가 깨끗이 헹구어 준다. 소독해야 할 칫솔이 여러 개라면 실리콘 재질의 아이스크림 틀에 담가 주면 된다. 소독된 칫솔은 칫솔모가 위로 오도록 하여 햇빛이 잘 드는 곳에서 일광소독을 하면 좋다.

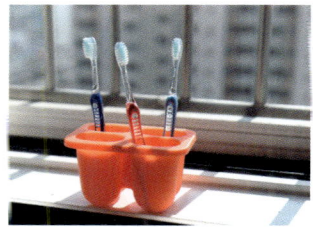

TIP 칫솔 살균기의 관리가 부실하면 무의미하듯 소독에 사용하는 아이스크림 틀 역시 소독이 중요하다. 그래서 끓는 물에 통째로 넣고 삶을 수 있는 실리콘 재질을 사용해야 한다.

치약도 소비기한과 사용기한이 있다

우리가 매일 사용하는 치약도 소비기한이 있다. 치약 포장 상자나 치약 끝부분에 사용기한은 제조일로부터 36개월이라고 표기되어 있다. 소비기한도 중요하지만 치약 사용 후 뚜껑을 반드시 닫아 두어야 사용기한이 길어진다는 것을 잊지 말아야 한다.

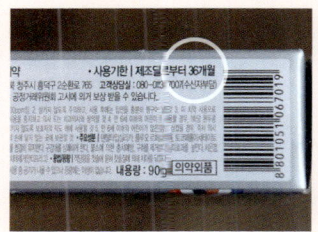 

미리 살펴보는 다용도실 정리 노하우

Preview

 # 다용도실 정리가 안되는 이유
- 잘 사용하지 않는 물건을 다용도실, 베란다에 쌓아 두는 습관이 있다.
- '나중에 쓰지', '혹시라도 필요할 거야' 등의 이유로 보관하지만, 기억 못하는 물건이 가득하다.
- 평상시 시선이 안 가는 공간으로 정리정돈에 대한 부담이 덜하다.

다용도실과 베란다는 정착할 곳을 찾지 못한 물건과 급하게 치웠다가 까마득히 잊고 지내는 물건으로 발 디딜 틈 없는 곳이다. 가족의 발길이 뜸한 곳이라는 생각에 마음 편하게 두서없이 물건을 쌓아 둔다. 그리고 점점 익숙해지다 보니 마구잡이로 쟁여 두기만 하는 창고 같은 공간으로 전락한다.

다용도실 정리 노하우 3단계

1단계 · · · · · · **2단계** · · · · · · **3단계**

선반마다 같은 용도의 물건끼리 수납하기

포개지 말고 세워서 수납하기

상자마다 연관 있는 물건끼리 모으기

 선반마다 같은 용도의 물건끼리 수납하기

다용도실은 저장용 건조식품, 부엌에서 아주 간혹 사용하는 물건, 세탁과 청소 세제 등을 보관하거나 세탁기를 두는, 말 그대로 다용도로 사용하는 공간이다. 그래서 물건의 용도끼리 짝을 맞춰 영역을 구분해 주어야 뒤섞이는 일이 없다.

▲ 세탁기 위 수납장 안에 그릇과 청소용품이 함께 뒤섞여 있음

▲ 수납장 왼쪽에는 사용 빈도가 낮은 주방용품을, 오른쪽에는 자주 사용하는 수세미 같은 청소용품을 모아 수납

종류별로 담아 보관하기

베란다에는 자주 사용하지 않는 물건을 두는 경우가 많은데, 상자마다 작은 물건을 종류별로 담아 두면 찾는 번거로움도 줄고 수납 효과도 크다.

Before #2

▲ 잡다한 물건이 모두 섞여 있어 어디에 무엇이 있는지 기억조차 어려움

After #2

▲ 선반마다 연관되는 물건끼리 모아 두면 물건을 쉽게 찾을 수 있음

2단계 포개지 말고 세워서 수납하기

다용도실이나 베란다에 무거운 물건들이 포개져 있으면 아래 물건을 빼기 위해 위에 있는 물건까지 모두 들어냈다 되돌려 놓아야 한다. 생각만 해도 번거롭고 힘든 일이다. 물건을 포개지 않고 세워서 보관하면 다른 물건을 옮길 필요 없이 사용할 물건만 꺼낼 수 있다.

▲ 바구니에 이름표를 붙이고 발 매트만 세로 수납. 얇은 발 매트, 걸레, 수세미와 같은 물건은 접어서 세로 수납해야 꺼내기 편함

▲ 큰 상자, 채반이나 대야도 세워서 세로 수납하면 보관도 쉽고 꺼내기도 편함

TIP 구입할 당시 가전제품 상자를 버리지 않고 보관하면 수납하기도 좋고 제품 사진으로 어떤 물건인지 구별하기도 쉽다.

3단계 상자마다 연관 있는 물건끼리 모으기

베란다에는 선풍기, 캐리어와 같은 큼직한 물건들이 많지만 자잘한 물건들도 꽤 있다. 다양한 크기의 작은 물건들은 수납하기 힘들고 깔끔하게 정리정돈이 되지 않는다. 그럴 때는 한 상자에 연관된 물건을 모두 모아 보자. 예를 들어 화초를 관리하는 도구와 빈 화분, 거름 등 원예와 관련된 것들만 모아 놓는 것이다.

◀ '식물 관리'라는 단어가 연상되는 물건들을 한 상자에 담음

수납 상자로 손색없는 바나나 상자

과일 가게에서 구할 수 있는 바나나 상자를 물건 보관 상자로 사용해 보자. 재활용이지만 여러 개를 구해 통일감을 주면 빈티지 느낌도 낼 수 있다. 바나나 상자는 재질이 탄탄하고 손잡이까지 있어 들고 나르기 좋다.

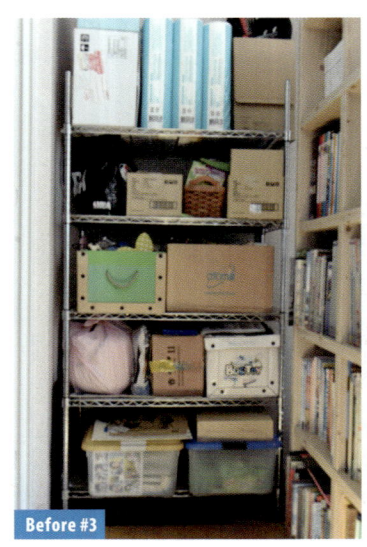

◀ 통일된 크기의 바나나 상자를 재활용하여 깔끔하게 수납. 상자마다 이름표 붙이기

다용도실 빈 벽 활용하기

다용도실에 빨래건조대가 있다면 빨래를 널 때 사용할 옷걸이를 세탁기 옆에 두면 편리하다. 그런데 옷걸이를 두기에 보관이 불편한 경우가 있다. 이럴 때는 다용도실의 빈 벽을 활용해서 옷걸이를 보관할 수 있다. 빈 벽에 네트망을 설치하고 용도에 맞게 변형시킨 세탁소 옷걸이와 여러 가지 옷걸이를 걸어 둔다. 그러면 세탁기에서 꺼낸 빨래를 바로 옷걸이에 걸어 건조대에 걸 수 있다. 네트망에 긴 일자훅을 사용하면 여러 개의 옷걸이를 한 번에 걸어 둘 수 있다. 또 옷걸이를 걸어 둘 때도 모두 바르게 걸어 두기보다 반대로 걸어 두면 공간 차지를 많이 줄일 수 있다. 옷걸이를 반대로 걸어 두면 옷걸이를 꺼낼 때 엉키지 않고 차례대로 빼낼 수 있다.

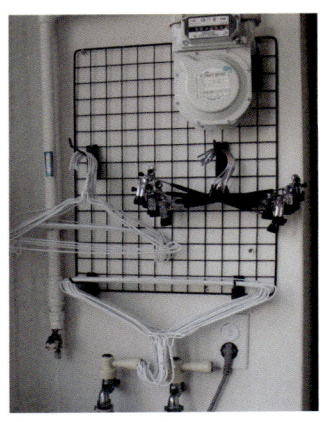

▲ 빈 벽에 네트망을 설치하여 빨래 건조용 옷걸이 수납

▲ 긴 일자훅을 사용하면 옷걸이 여러 개를 한 번에 걸 수 있음

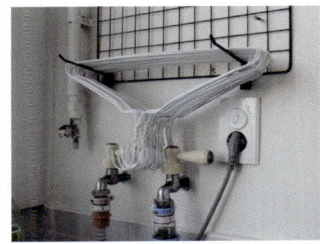

▲ 옷걸이를 거꾸로 걸어 두면 엉킴 없이 차례대로 뺄 수 있음

Before #다용도실

한 주부의 며느리가 모처럼 와서 일을 거들어 주다가 "어머니, 그 물건 어디 있어요? 제가 찾아올게요."라고 물었다. 주부는 며느리에게 찾아오라고 했다가 바로 화들짝 놀라며 "아니다, 내가 찾아주마…"하고 직접 다용도실로 갔다. 그 이유는 아수라장 같은 다용도실을 며느리한테 보여 주기 부끄러워서였다.

다용도실은 대부분 부엌과 연결되어 있어 부엌에서 갈 곳을 찾지 못한 물건들이 모여 있다. 더군다나 가족들이 잘 가지 않는 장소이니 대충 물건을 치워놓기 딱 좋다. 이러저러한 이유로 다용도실은 창고로 전락하기 일쑤고 정리정돈을 시작하려면 막막해진다.

Problem

❶ 빈자리만 있으면 식품, 그릇, 전기제품 등을 구분 없이 뒤죽박죽 채워 두어 혼란스럽다.

❷ 선반 수납장을 들쑥날쑥하게 배치하여 아무리 정리해도 깔끔해 보이지 않는다.

After #다용도실

다용도실의 벽 구조가 ㄱ자 형태로 되어 있고 벽면 앞쪽에 큰 가구가 있어서 통로가 좁고 불편했다. 그래서 벽면선을 기준으로 큰 수납장과 작은 수납장의 위치를 서로 바꾸어 배치했다. 그러자 앞면이 일직선이 되었고 바닥 쪽 통로도 넓어졌다. 보기에도 안정적이고 물건들은 자기 자리를 찾아 정리되어 보였다.

Solution

❶ 선반 벽면에 종량제 봉투와 시장바구니를 쉽게 사용할 수 있도록 걸어 수납했다.
❷ 다용도실 구조에 맞춰 선반 수납장 2개의 위치를 서로 바꾸었다.
❸ 위쪽 선반에는 건조식품, 즉석식품 등 먹거리들만 연상되게 모았다.
❹ 사용 빈도에 맞게 선반마다 구역을 나누고 무거운 물건일수록 아래쪽 선반에 수납하였다.

수납의 기본 원칙으로 다용도실 정리하기

연상 수납
세탁용 물품으로 연상되는 물건을 모아 준다.

끼리끼리 수납
가루세제, 액체세제, 세탁망 등으로 분류하여 수납한다.

칸막이 수납
바구니로 칸을 나누어 준다.

세로 수납
물건이 세로로 세워져 있어 높은 위치에 있어도 찾기 쉬워진다.

서랍식 수납
바구니로 서랍식 수납하여 높은 위치의 물건도 내리기 쉬워진다.

이름표 붙이기
바구니마다 붙여진 이름표 덕분에 높은 위치의 물건도 쉽게 알 수 있다.

어떤 곳이든 수납의 기본 원칙을 적용하여 퍼즐 맞추듯 풀어가면 정리정돈이 조금씩 손에 익숙해진다. 세탁을 연상할 때 떠오르는 물건을 종류별로 끼리끼리 분류하고, 수납 칸막이를 이용하여 세로 수납을 하면 높은 위치에 있어도 물건이 잘 보인다. 또 바구니로 서랍식 수납을 하면 뒤쪽에 있는 물건을 찾기에도 좋고, 이름표를 붙이면 다시 제자리에 되돌려 두기도 편리하다.

1. 연상 수납 & 끼리끼리 수납

세탁기 바로 옆에는 세탁할 때 사용하는 물건을 연상해 수납했다. 세탁기와 최단 거리가 되도록 동선을 짜고, 액체 세제, 가루세제, 세탁망 등 바구니마다 끼리끼리 분류하여 수납했다.

▲ 연상 수납 & 끼리끼리 수납

2. 칸막이 수납 & 세로 수납

바구니마다 종류별로 구분되어 있지만, 그 안에서도 칸을 나눌 수 있다. 세탁망 크기대로 칸을 나누고 걸레도 봉걸레와 극세사 걸레로 구분했다. 이때 선반의 앞뒤 길이에 맞는 바구니를 선택하는 것도 자투리 공간을 최소화하는 방법이 된다. 접은 물건은 세로로 세워 수납하면 어떤 용도의 세탁망인지, 걸레인지 바로 구분할 수 있고 꺼내기도 수월하다.

▲ 칸막이 수납 & 세로 수납

3. 서랍식 수납 & 이름표 붙이기

비슷비슷한 가루세제는 구별이 쉽지 않기 때문에 세제통마다 이름표를 붙였다. 이때 같은 모양으로 뚜껑 색깔만 다르게 하면 구별이 쉽다. 바구니마다 붙인 이름표는 사용한 물건을 제자리에 되돌려 두기 위한 지정석의 의미도 하다.

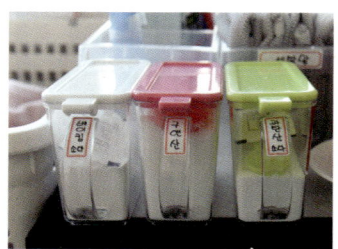
▲ 서랍식 수납 & 이름표 붙이기

두 배로 넓게 쓰는 다용도실 수납공간 활용 노하우 know-how

1. 다용도실 빈 벽을 수납공간으로 활용하기

다용도실 위쪽 전면에 '스페이스월'이 설치되어 있지만, 여기에 사용하는 부속품이 없어서 활용하지 못했다. 인터넷에서 스페이스월 전용 훅과 유리 선반을 구입하여 설치하자 새로운 수납공간이 추가되었고 세탁기 주변이 말끔해졌다.

▲ 스페이스월 공간을 활용하지 않음

▲ 스페이스월 전용 훅과 유리 선반 설치

손이 닿기 쉬운 벽면의 가장 낮은 선반에는 자주 사용하는 세제와 세탁망을 두고, 액체 세제, 표백제 등을 종류별로 분류하여 바구니에 담았다. 바구니를 잡아당기면 뒤쪽 세제까지 편리하게 사용할 수 있다.

▲ 낮은 선반에는 자주 사용하는 세제 수납

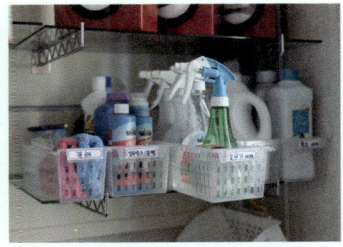
▲ 바구니에 담아 서랍식 수납

기존에 있던 선반의 안쪽은 손이 잘 닿지 않아 가봉하지 않은 세제들을 수납했다. 빨래 삶기용 솥은 사용 빈도가 낮아 선반 위에 올려 두었다. 부엌에서 사용하지 않는 행주 건조대를 가져와 걸레와 고무장갑 건조대로 만들어 사용했다.

자리만 차지하던 하얀색 서랍장을 빼내고, 어두운색과 밝은색 옷을 구분해 넣을 수 있도록 빨래 바구니 2개를 준비해 놓았다.

▲ 걸레와 고무장갑 건조대를 설치

▲ 색을 구분하여 넣을 수 있는 빨래 바구니

세탁기도 세탁이 필요하다

세탁조 안쪽은 항상 물을 머금고 있어 눈에 보이지 않는 각종 세균과 곰팡이가 쉽게 서식할 수 있는 환경이다. 그래서 세탁기를 정기적으로 청소해 주지 않으면 오염된 세탁조로 인해 세탁이 깨끗하게 되지 않으며, 세균 번식은 물론 세탁기가 부식될 수도 있다. 세탁기를 사용한 다음에는 반드시 세제통과 세탁조의 문을 열어 건조시켜야 한다.

▲ 정기적으로 세탁조를 청소

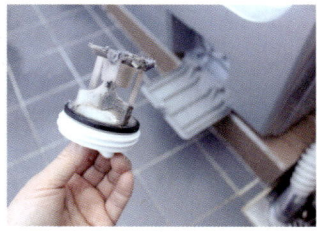

▲ 세탁기 배수 필터를 청소

TIP 세탁할 때 고형 비누를 사용하면 세탁조에 비누 때가 더 쉽게 생기고 고착되어 제거하기가 어렵다. 애벌빨래에서 고형 비누 잔여물을 완전히 제거하고 세탁해야 한다.

TIP 세탁기의 배수 필터(잔수 호스와 거름망)는 세탁 잔여 찌꺼기가 모이는 곳으로, 관리가 되지 않으면 배수가 약해지고 빨래 냄새는 물론 고장의 원인이 된다.

2. 뽑아 쓰는 쓰레기 종량제 봉투 보관하기

쓰레기 종량제 봉투는 보관 방법이 은근히 까다롭다. 인터넷 검색을 해 보면 한 장씩 접어서 세로 수납하기를 권하는데 이 또한 일일이 접어 두기가 번거로울 수 있다. 다용도실 선반 옆면에 네트망이나 작은 수납 바구니를 설치했다. 종량제 봉투 상자를 만들어 네트망에 노끈으로 고정하고 한 장씩 뽑아 쓸 수 있도록 했다. 작은 수납 바구니는 선반 옆면에 케이블 타이로 고정하고 종량제 봉투를 수납하여 사용할 수 있도록 했다.

▲ 네트망을 설치하여 한 장씩 뽑아 쓰는 종량제 봉투 상자를 고정함

▲ 작은 수납 바구니를 케이블 타이로 고정하여 종량제 봉투 수납

3. 여행용 가방을 수납 상자로 활용하기

여행 갈 때 사용하는 캐리어나 아이스박스는 부피가 크고 속은 비어 있어 공간을 많이 차지한다. 그런데 이 캐리어의 빈 공간을 수납공간으로 매우 유용하게 활용할 수 있다. 빈 캐리어 안에 여행할 때 필요한 파우치, 캐리어 보호 밴드, 캐리어 저울 등을 함께 넣어 둔다. 여행 갈 때 캐리어만 꺼내면 그 안에 필요한 물건이 함께 있으니 따로 찾을 필요가 없고 안에 들어간 물건의 양만큼 공간도 확보할 수 있다.

▲ 여행용 가방 안에 여행용품을 보관

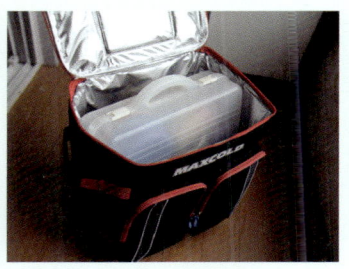
▲ 아이스박스 안에 캠핑용품을 보관

TIP 캐리어 사용 빈도가 그리 높지 않다면 철 지난 옷을 보관하는 수납 상자로 사용해도 좋다. 단, 수납을 할 때 같은 단어가 연상되는 종류끼리만 모아 두는 것이 편하다. 무엇을 넣었는지 알기 쉽도록 이름표를 붙이는 것도 잊지 말자.

4. 이동식 수납 선반에 세탁 세제 수납하기

틈새 공간에 사용하기 좋은 이동식 수납 선반을 활용하면 다용도실 세탁 세제를 한 번에 모아서 수납하고 사용할 수 있다. 선반이 얼룩지는 것을 방지하기 위해 선반 바닥에 바닥재를 깐다. 그리고 뚜껑을 여닫기 쉬운 통을 준비한다. 여기에 세탁 세제를 종류별로 담고 쉽게 식별할 수 있도록 이름표를 붙여 준다. 세제통에 제습제(실리카겔)를 넣어 두면 습기로 인해 세제가 굳는 것을 방지할 수 있다.

▲ 이동식 수납 선반에 바닥재를 깔아 줌

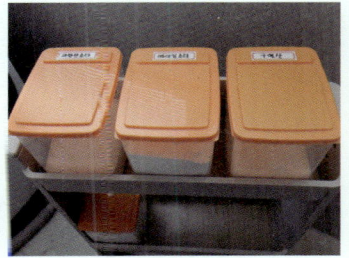
▲ 세제통에 세탁 세제를 종류별로 담고 이름표 붙이기

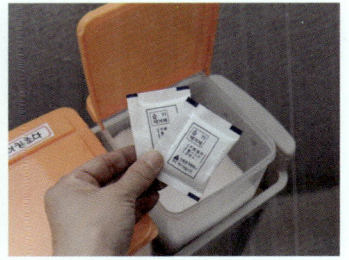
▲ 세제통 안에 제습제 넣어 두기

바퀴가 있는 이동식 수납 선반 사용하기

폭이 좁은 이동식 수납 선반은 바퀴가 달려 있어서 이동이 쉽다. 세탁기 옆 틈새 공간이나 벽 쪽 어디에 두어도 깔끔하다.

• 수납 도구 제품명 – 슬림 선반

5. 키 큰 병 수납하기

과일청, 장아찌, 약술 등을 담았던 병은 선반 칸보다 키가 높아 세워 두기가 어려운 경우가 있는데, 이럴 때 눕혀 주면 자투리 공간을 줄일 수 있다.

▲ 선반 칸보다 키 큰 병을 눕혀 보관

6. 저장 채소 보관하기

흙으로 지저분해질 수 있는 저장 채소는 선반 높이에 맞게 상자를 자르거나 귤이나 딸기 상자처럼 높이가 낮은 상자에 옮겨 담은 뒤 선반 아래에 보관하면 수납공간을 두 배로 활용할 수 있다.

▲ 상자를 낮게 잘라 저장 채소를 담아 보관

재활용품 아이디어와 가성비 살림 노하우 … 다용도실

재활용품 아이디어 1

바나나 상자 재활용하는 방법

1. 바나나 상자 뚜껑의 아랫부분을 일부 잘라 내어 분리한다.

2. 자르고 남은 상자 자투리는 뚜껑의 뚫린 부분에 덧댈 수 있게 잘라 둔다.

3. 뚜껑 안쪽에 남은 자투리를 덧붙여 깔끔하게 만든다. 상자 바닥에도 같은 방법으로 덧붙여 준다.

4. 비슷한 색상의 종이를 잘라서 상자 전면에 붙이면 깔끔한 수납 상자가 된다.

 어떤 물건을 다용도실 수납 도구로 사용하면 좋을까?

네트망 일자훅, 벨크로 케이블 타이, 3단 슬림 선반, 다용도 칸막이 정리함, 다용도 저온 트레이, 와이드 칸막이 바구니

재활용품 아이디어 2

재활용 종이상자를 깔끔하게 탈바꿈시키기

1. 종이상자를 그대로 사용해도 무방하지만, 인쇄 면의 상표 때문에 다소 어수선해 보일 수 있다.

2. 접착제로 고정되어 있는 부분을 조심스럽게 뜯어 분해한다.

3. 분해한 종이상자를 뒤집어 조립한 뒤 스테이플러로 고정한다.

4. 고정된 스테이플러 심에 손을 다치지 않도록 안쪽에 있는 부분을 꾹꾹 눌러 상자에 밀착시킨다.

5. 뒤집어 만든 재활용 상자는 상표 그림도 없고 상자 크기도 통일되어 수납 효과가 높아진다.

재활용품 아이디어 3

종량제 봉투 수납 상자 만들기

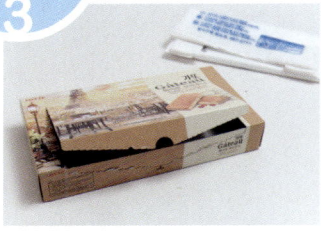

1. 종량제 봉투의 가로길이보다 살짝 긴 종이상자를 준비한다.

2. 상자 앞쪽은 열려 있으니 뒤쪽에 구멍을 뚫어야 한다. 종량제 봉투가 두꺼우므로 가로길이를 좀 길게 잘라낸다.

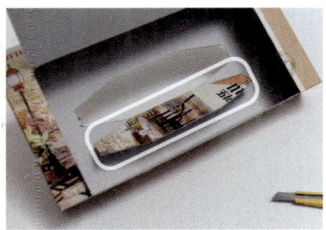

3. 모양을 도려낼 때 아랫부분은 자르지 말고 아래로 접어 내려 풀로 붙인다. 그러면 상자가 두꺼워져 봉투를 꺼낼 때 찢어지는 것을 막을 수 있다.

4. 종이상자에 들어갈 수 있게 종량제 봉투를 4등분하여 접는다.

> **TIP** 봉투가 아래로 쏠리는 현상을 방지하기 위해 비닐 중간에 지지대 역할을 할 두꺼운 종이 한 장을 오려 넣는다.

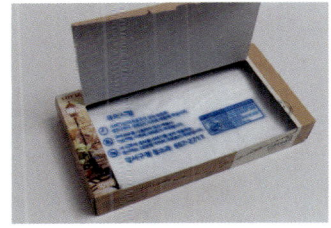

5. 상자 뚜껑을 열고 봉투를 넣는다.

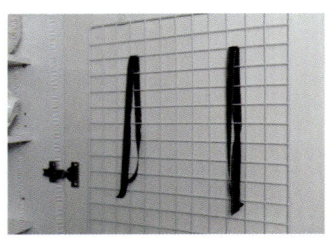

6. 리본 테이프나 노끈을 상자 위치에 맞춰 네트망(철망)에 먼저 끼워 둔다.

7. 리본 테이프로 종량제 봉투 상자를 묶어 고정한다. 종량제 봉투의 원래 상자가 아니므로 이름표 붙이는 것 또한 빠뜨리지 않는다.

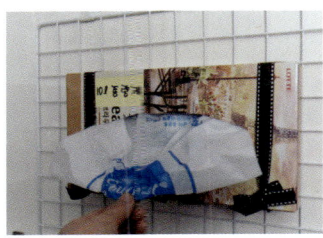

8. 종량제 봉투를 일일이 접어 두지 않아도 하나씩 뽑아 쓰면 된다. 편리할 뿐 아니라 공간 확보까지 된다.

재활용품 아이디어 4

슈트케이스로 선풍기 커버 만들기

1. 선풍기에 슈트케이스를 씌워 넣은 뒤 바닥에 눕힌다.

2. 바닥 부분을 선물상자 포장하듯이 접고, 슈트케이스 손잡이를 선풍기 몸체 부분으로 올려 준다.

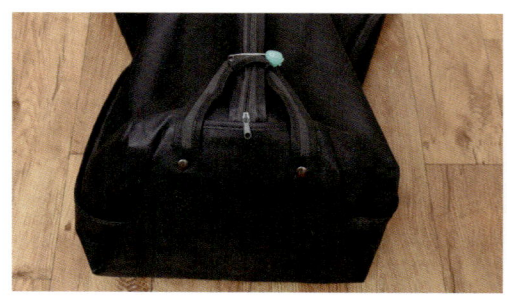

3. 접어 올린 슈트케이스 손잡이와 몸체 부분의 지퍼를 옷핀으로 고정하면 선풍기 커버가 완성된다.

4. 커버에 싸인 선풍기가 어떤 것인지 알 수 있도록 옷 태그를 활용해 이름표로 만들어 붙인다.

재활용 수납 도구로 현명한 수납을 하자

수납 노하우를 배우다 보면 나에게 맞는 편리한 방법을 알고, 더 좋은 도구를 찾게 된다. 그럴 때마다 매번 수납 도구를 모두 바꿀 수는 없다. 수납 도구를 잘못 선택해도 이 또한 애물단지가 되어 버리므로 수납 도구 선택에 실패해도 미련 없이 버릴 수 있는 방법을 찾아야 한다. 그 방법이 바로 재활용 수납 도구의 사용이다. 사진에서 보이는 수납 상자는 사실 컵라면 상자를 재활용한 것이다. 이런 재활용 수납 도구를 사용하다 불편함이 없다면 그때 비슷한 도구를 구입하는 것이 현명하다.

재활용품 아이디어 5
고정할 수 있는 깔때기 만들기

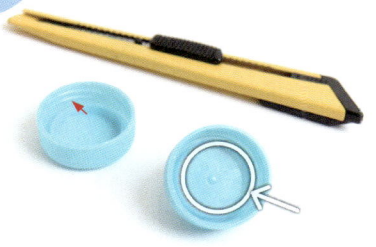

1. 병뚜껑 안쪽에 있는 선을 따라 동그랗게 칼로 도려낸다.

2. 병뚜껑 2개가 깔때기 구멍이 되도록 똑같이 잘라낸다. 칼을 사용하는 작업이니 다치지 않도록 주의한다.

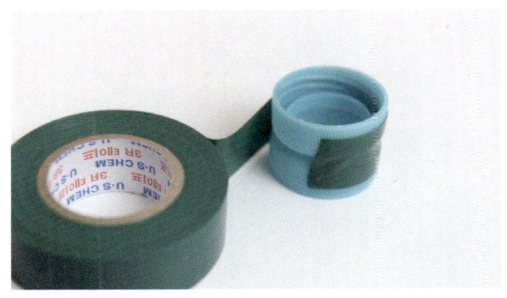

3. 구멍을 뚫은 뚜껑 2개를 맞대어 테이프로 고정한다.

4. 깔때기 모양으로 페트병을 자른다. 페트병을 뚜껑으로 닫으면 완성된다. 병뚜껑이 규격화되어 어떤 병에도 사용할 수 있다.

5. 곡물을 담을 페트병에 깔때기 뚜껑을 돌려 닫아 준다. 뚜껑이 서로 고정되어 한 손으로 깔때기와 병을 동시에 잡을 필요 없이 쉽게 곡물을 담을 수 있다.

6. 서류꽂이에 곡물을 담은 페트병을 눕혀서 보관하면, 아래 칸 곡물을 꺼내도 무너지지 않고 어떤 곡물인지도 쉽게 파악할 수 있다.

TIP 곡물을 담은 봉지가 제대로 밀봉되지 않으면 수분이 증발하여 맛이 떨어진다. 페트병에 담으면 공기를 차단해 수분을 유지해 주는 것은 물론 방충 효과까지 있다. 수납하기에도 편리하다. 페트병은 반드시 깨끗하게 세척한 뒤 사용한다.

가성비 살림 노하우 1

사용하지 않는 가스레인지의 덮개 만들기

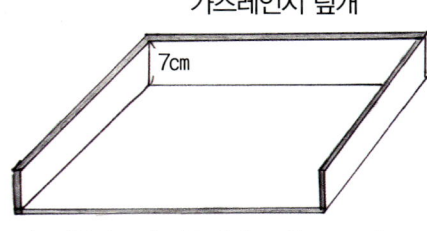

가스레인지 덮개

7cm

가스레인지 크기+나무 패널 두께(15~20mm)

1. 오랫동안 사용하지 않는 다용도실 가스레인지는 먼지만 쌓이고 공간 활용에도 방해가 된다.

2. 가스레인지 덮개의 치수를 실측한다. 이때 나무 패널 두께까지 포함한 내경인지 분명히 측정하여 도면을 그린다.

3. 싱크대 공장에 도면대로 덮개 제작을 주문한다.

4. 가스레인지에 주문 제작한 덮개를 덮고 그 위에 전자레인지를 올려 공간 활용을 했다.

TIP 가스레인지를 전기레인지로 교체하기 어려운 경우, 이 방법으로 가스레인지를 덮고 그 위에 전기레인지를 얹어 사용한다.

빨래 바구니 활용법

대부분 빨래 바구니를 1개 사용하는데, 어두운색과 밝은색을 구분해서 담을 수 있게 빨래 바구니를 준비해 보자. 가족들이 스스로 구분해서 빨래를 내놓을 수 있도록 팻말을 붙여 두면 좋다.

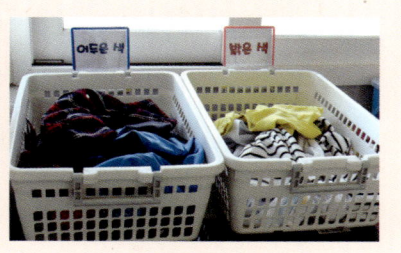

가성비 살림 노하우 2

더스트백으로 가전제품 덮개 만들기

1. 핸드백을 구입하면 주는 더스트백을 토스터에 덮어씌운다.

2. 더스트백을 뒤집은 뒤, 토스터 세로 길이만큼 남기고 모서리 부분을 삼각형이 되도록 바느질한다.

3. 다시 원래대로 뒤집어 토스터에 덮어씌운다.

4. 어떤 가전제품인지 알 수 있도록 이름표를 달아 준다.

가성비 살림 노하우 3

베란다 창고에 축구공 보관하기

아이들이 자주 가지고 노는 공은 잘못 보관하면 여기저기 굴러다닐 수 있어 움직이지 않게 잘 보관해야 한다. 현관 신발장에 보관할 때는 수박받침대를 활용하면 되지만, 신발장이 복잡하거나 잘 사용하지 않으면 햇빛이 들지 않는 베란다 창고에 보관하면 된다. 수박 끈을 이용하여 창고 한쪽 벽면에 걸어 두면 보관하기 쉽다.

가성비 살림 노하우 4

가전제품 전선 깔끔하게 보관하기

정돈되지 않는 가전제품 전선은 구멍 난 고무장갑으로 해결할 수 있다. 고무장갑의 팔 부분을 1㎝ 넓이만큼 잘라 고무 밴드의 끝을 묶어 매듭을 만들고, 정돈된 전선을 머리방울로 머리를 묶듯이 매듭을 고무 밴드 안으로 넣어 묶으면 깔끔하게 정돈된다. 이때 전선을 가전제품과 함께 묶으면 더 깔끔하다. 안 쓰는 머리방울이나 벨크로 밴드를 이용해도 전선을 깔끔하게 정돈할 수 있다.

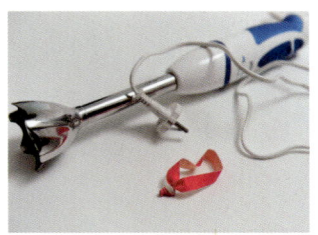
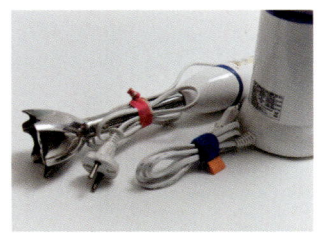

가성비 살림 노하우 5

창문 틈 칼바람을 막아 겨울 난방비 줄이기

유리 창문에 에어캡을 붙여 겨울철 난방비를 아끼는 것은 대중화된 방법이지만, 창문 틈새로 들어오는 바람을 막지 못하면 큰 효과를 보지 못한다. 보일러 배관에 사용하는 배관 보온재를 반으로 잘라 창틀에 넣고 꾹꾹 눌러 주기만 하면 창문도 열 수 있고 창문 틈으로 들어오는 칼바람도 막을 수 있다.

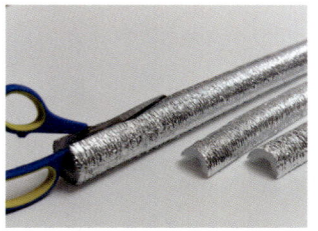

TIP 창틀 형태에 따라 가위집만 내어 납작하게 사용해도 되고 반으로 나누어 사용해도 된다.

창문 틈의 옆면으로 들어오는 바람은 우유팩을 2겹으로 해서 창틀 모양에 맞춰 잘라 끼워 주면 된다. 창문 틈 칼바람뿐만 아니라 먼지와 작은 벌레를 차단하는 데도 도움이 된다. 아래 사진은 우유팩으로 만든 것이다.

가성비 살림 노하우 6

무거운 물건 쉽게 이동하기

부피가 큰 텐트나 가마니로 구입한 소금(천일염)은 무겁기 때문에 바닥 청소할 때 이동하다 보면 자칫 허리를 다칠 수 있다. 바퀴가 달린 화분 받침대 위에 큰 텐트나 소금 가마니를 올려 두면 이동이 쉽고 천일염에서 나오는 간수도 화분 받침대에 받쳐 둘 수 있다. 쌀벌레 방지를 위해 사용하는 무거운 쌀독도 화분 받침대에 얹어 두면 유용하다.

가성비 살림 노하우 7

세탁소 옷걸이로 ㄹ자 도양 행거 만들기

폐비닐이나 플라스틱을 분리수거하기 위해 별도로 바구니나 통을 사용하려면, 공간도 필요하고 바구니가 오염되면 세척을 하는 것도 번거롭다. 이때 세탁소 옷걸이로 수납장 문의 두께에 맞춰 ㄹ자 모양 고리를 만들어 비닐봉지를 걸면 재활용품을 모으기 편리하다. 세탁소 옷걸이로 만든 ㄹ자 모양 고리는 쉽게 빠지는 기성품 S자 고리보다 고정이 잘되는 맞춤형이라 매우 유용하다.

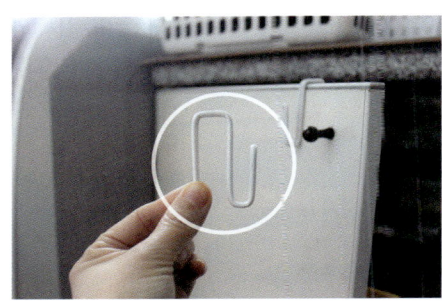

Epilogue

이 책을 마치며

추억이나 사연이 있는 물건들을 소중하게 여기는 것도 중요하지만 귀중한 물건을 정말 귀중하게 여길 수 있는 환경을 만드는 것 역시 중요합니다. 새롭고 편리한 물건들로 인해 책임지지 못하는 물건들을 늘리기보다는, 현재 가지고 있는 물건을 활용해 보면 어떨까요? 공간에 즐거움을 더하려 할 때 필요 이상의 물건으로 꾸미기보다는 단순하게 하는 것이 집안일은 반으로 줄이고 공간은 두 배로 늘리는 최고의 살림법과 인테리어가 될 것입니다.

공간에 즐거움을 더하고 살림의 재미를 느끼고 싶은 분께 의미 있고 도움되는 책을 만들기 위해 오랜 기간 고민하고 공부하며 준비했습니다. 책을 읽다 보면 단락마다 반복되는 말이 나옵니다. 이로 인해 다소 지루하게 느껴질 수 있습니다. 마치 아이들이 학습지를 반복적으로 풀면서 문제 유형을 마스터하듯이 정리정돈 익히기 또한 중요한 기본 원칙을 계속해서 반복 연습할 필요가 있습니다. 이를 통해 문제점을 스스로 터득하면서 노하우와 습관을 들일 수 있게 됩니다.

삼시 세끼 밥을 먹고 세수하고 양치하기는 매일 하는 일이지만 아무렇지 않게 빠뜨리지 않고 꼬박꼬박 실천합니다. 정리정돈도 마찬가지로 사용한 물건을 바로 제자리에 두는 일을 그때마다 실천하면, 밥 먹는 것처럼 자연스럽게 생활 습관으로 바뀌게 됩니다. 미루지 말고 바로 도전해 보세요.

장이숙